*La mente di un artista ha un potere immenso.
Ne faccia lui buon uso anziché lasciare
che diventi il business dei furbi.*

Stemax

Ringraziamenti

Tengo a ringraziare nell'ordine i seguenti enti pubblici, associazioni e persone:

Comune di Tarquinia.

Associazione Arcaista Arte e Cultura e il *Consiglio Direttivo* nelle persone: **Daniele Limoli, Roberto Abbondanza, Luzio Zimarino, Maurizio Perinu.**

Associazione Culturale Eclettica e il suo presidente fondatore, il **Maestro Giuliano Ottaviani.**

Gli artisti storici del Movimento Arcaista: **Antonio Santoro, Giuseppina Titti Grittani, Rossella Papacchini,** e **Isabella Uleri** per l'impegno profuso al movimento stesso e alla sua riapertura delle attività.

L'artista **Rossella De Benedictis**, per aver anch'ella ampiamente contribuito alla riapertura delle attività del Movimento Arcaista.

Gli ulteriori artisti storici del Movimento Arcaista: ***Benito Romagnoli***, ***Grazia Marino De Robertis** (Dadagabem)*, ***Mirella Rossomando***.

Il critico e storico dell'Arte ***Franco Luzza***, per la prefazione a questo libro.

Un ulteriore grazie a ***Daniele Limoli***, designer e esperto di marketing, Illustratore e autore della copertina, curatore dell'impaginazione del libro, nonché addetto alla divulgazione mediatica del Movimento Arcaista, il quale ha riaperto le attività anche in merito alla sua insistenza.

www.graphicproject.it

Prefazione

Franco Luzza

Storico e Critico d'arte, è stato Direttore del Museo d'Arte Sacra del Duomo di Vibo Valentia ed è autore di varie pubblicazioni in ambito storico, artistico, letterario e scientifico

Le analisi e i dibattiti sorti nella storia, sul concetto di arte e la sua trasmissione, sono frutti vitali del carattere identitario del genio umano che pone come equilibrio dinamico l'emotività. In effetti sin dagli albori l'uomo si è interrogato e investigato ad analizzare le astrazioni relative a tale disciplina, perciò riflettere sull'arte e il suo valore intrinseco è un fatto molto importante. Ragionare su questo tema, *l'arte oggi* – in cui essa sembra che sia stata trascinata nel vortice della decadenza di un sistema razionale e illusorio, traslitterando peraltro il concetto preminente della sua essenza, cioè *la bellezza*, in molti casi, nelle forme e nei codici di un Umanesimo inespressivo – credo sia una forma di rispetto per sé stessi e per gli altri.

Il saggio de *La Nave Arcaista*, in effetti, s'interroga sul concetto di arte e sulla sua evoluzione inserendosi, come ogni libro, in un contesto universale di opere in cui l'idea, al centro del dibattito, giunge fino al punto di contagiare l'essere umano, identificandolo perentoriamente con le componenti essenziali di un *modus vivendi* al servizio della cultura universale.

Esaminando a fondo la proposta de *La Nave Arcaista*, pertanto, emerge, nei primi argomenti del testo, la necessità esplicita di collocarsi in una dimensione interpretativa in cui il pensiero formale e il concetto sulla critica d'arte, ostenta alcune riflessioni partecipative che investono la pratica e la teoria, fenomeni quest'ultimi, tra l'altro, dibattuti in ogni dimensione concettuale.

Da queste analisi, quindi, la critica, in genere, non è stata e non è un'accezione dissonante all'opera d'arte, ma complementare in tutte le sue sfaccettature. Per formulare tali ipotesi, perciò, bisogna comprendere fino in fondo l'arte e l'artista, oltreché le discipline che investono le forme universali della cultura, solo così si apre e si sviluppa ogni segmento cognitivo che investe i fenomeni dell'attività umana che pone come fine ultimo la *bellezza* e il *linguaggio*, elementi fondamentali per comunicare il bello e guarire l'anima.

In questa dimensione l'autore de *La Nave Arcaista*, delinea diversi fattori legati al mondo universale dell'arte e li colloca come interrogativi pronti a un dibattito aperto in cui il dialogo diventa il mezzo per arricchire la proposta e gli elementi conoscitivi esposti nel saggio. Concetti che emergono, particolarmente nella prima parte del libro: *La straordinaria importanza dell'Arte*, e successivamente approfonditi, dove l'autore pone come elementi necessari, l'universo, la natura, la fede, la scienza e l'arte; pilastri che costituiscono i cardini precipui dello scibile umano.

Pertanto non è ovvietà formulare alcune congetture in simbiosi con la proposta del saggio, dichiarando che l'arte è un'attività dello spirito ed essenza dell'anima, e non è altrettanto banale sostenere che essa è complementare, non solo a sé stessa, come abbiamo già declamato, ma alla vita di ogni essere umano, poiché il principio dominante e più elevato che essa possa offrire è la *Bellezza*, cioè l'armonia in tutte le sue fattezze.

Per questi motivi l'opera pone l'accento, con determinazione, sui valori universali e sulla sua rivelazione più genuina che l'uomo e il divino coesistono attraverso il primordiale riconoscimento della *Bellezza*, principio che si lega al profilo identitario del Movimento.
Lo stesso autore, specifica perentoriamente il significato simbolico della *Nave*:

La Nave Arcaista, intesa anche come Arca salvifica, è il metaforico e al tempo stesso concreto vascello in partenza verso tutti gli approdi del mondo e, in quanto tale, non potrà viaggiare senza avere costantemente a bordo un preziosissimo equipaggio di artisti.

Pertanto, nella parafrasi in corsivo, egli delinea l'essenzialità del *Movimento*, in cui la *Nave*, come *Arca salvifica*, s'inserisce come elemento base attorno al mondo dell'arte, dentro la quale chi è sedotto dal fenomeno è invitato inevitabilmente a salire a bordo.

Le ulteriori pagine del saggio sono arricchite da ampie nozioni critiche in cui emergono le opinioni di *Carlo Roberto Sciascia*, *Carlo Chenis* e *Vittorio Sgarbi*, i quali impreziosiscono l'opera intellettualmente, sorreggendo nello specifico il pensiero del *Movimento Arcaista*, anche con gli archetipi in cui la saggezza sperimentata dalla loro esperienza è in simbiosi con il pensiero moderno.

Le note che seguono, perciò, tendono ad annoverare i sentimenti spirituali dell'intelletto umano in cui *bellezza* e *bene* si convertono alla *verità*, quest'ultima spesso utilizzata senza limitazioni alcune, ma con particolare circospezione.

Questo quadro prospettico, contenuto nel saggio di Massimo Stefani, conclude come ogni opera letteraria le proprie ambizioni del *Movimento Arcaista*, affermando che la perfezione, la bellezza e la verità sono contenuti umani che abitano instancabilmente l'essenza dello spirito.

È necessario, dunque, acuire il pensiero che il saggio espone e salpare su *La Nave Arcaista*, poiché il carattere metodico e riflessivo corrispondente alla cultura artistica, nella sua più ampia accezione, possa riqualificare il ruolo di ogni protagonista in una fucina di idee, atte a ricostruire un nuovo *Rinascimento Contemporaneo* con ogni valore empirico, negli scenari globali della cultura letteraria.

Franco Luzza

PARTE PRIMA

IMPORTANZA DEL PILASTRO ARTE E IL SUO STATO ATTUALE

I

La straordinaria importanza dell'arte

L'intelletto, ben oltre gli istinti animali, è ciò che diversifica l'uomo da qualsiasi altra specie vivente della Terra.
Tre sono le principali intuizioni dell'intelletto, tuttora in via di comprensione e sviluppo, indotte nella nostra mente dalla percezione sensoriale dell'Universo e della Natura in epoca primordiale. Tali intuizioni sono la scoperta dei concetti di Fede, di Scienza e di Arte, questi poi divenuti veri e propri pilastri dell'edificio culturale umano:

- Il concetto di Fede, derivante dal desiderio di sapere chi o cosa abbia creato l'Universo e la Natura.

- Il concetto di Scienza, derivante dal desiderio di capire le leggi fisiche dell'Universo e della Natura.

- Il concetto di Arte, derivante dal desiderio di emulare le meraviglie dell'Universo e della Natura.

Questo evidenzia come tali pilastri siano parimente importanti e perciò da tutelare affinché il loro edificio, dove risiedono progresso, etica e morale, resti saldo e intatto.
Ora immaginiamo una costruzione eretta su tre pilastri. Resterebbe in piedi se ne cadesse uno?

Dell'arte, purtroppo, non si è mai considerato l'immenso valore strutturale esposto, permettendo così, dai primi anni del Novecento, a personaggi bramosi di celebrità e ricchezza, di minarne indisturbati il pilastro, sottraendone i componenti fondamentali. Ciononostante esso è ancora in piedi, seppure oggi nelle maggiori expo siano perlopiù proposte trovate altamente concettuali o provocatorie e per questo molti sostengano che l'arte è morta.
Ma perché dette trovate impressionano le ultime generazioni più di un capolavoro di Raffaello, Michelangelo, Leonardo, Caravaggio, Rembrandt ecc?
Le cause sono molteplici e le maggiori le esamineremo d'ora in avanti nei prossimi capitoli, ma tra tutte spicca senz'altro, e perciò ritengo meriti per prima considerazione, quanto il consumismo esasperato abbia inculcato nelle persone la convinzione che tutto sia ottenibile con il denaro.

Il senso dell'impegno, dello studio e del sacrificio per ottenere un prodotto o un risultato è andato col tempo attenuandosi e, con esso, il senso percettivo della Bellezza.

In altre parole, quando un oggetto d'arte viene acquistato, questo assume importanza esclusivamente in base alla cifra spesa, non alla quantità e qualità di bellezza emozionale che è in grado di trasmettere.

Parlando di arte figurativa, le cui originarie e principali espressioni sono pittura e scultura, esistono ancora autori di opere di indubbia bellezza emozionale, ma essendo queste valutate in denaro molto meno di un barattolo con su scritto "Merda d'artista", di un orinatoio rinominato "Fontana", o di una banana attaccata al muro con lo scotch, ecco che il loro valore in Bellezza viene umiliato e annientato.

In pratica l'aspetto collezionistico di qualsiasi cosa (specialmente di ciò che suscita scalpore) ha surclassato l'importanza della Bellezza e ne ha ridotto pericolosamente la percezione.

Questo significa che dai primi anni del Novecento, quando è iniziata l'industrializzazione globale e così il consumismo, è in atto un progetto di plagio della psiche umana affinché le persone agevolino il business, esaltando le trovate piuttosto che le singole genialità, il talento e l'impegno (genialità e talento in arte sono estremamente rari e non industrializzabili, l'impegno scomodo e infruttuoso).

Come dicevo, il pilastro dell'arte è ancora in piedi. Non lo sarebbe se non si avvertisse più la necessità di creare nuove opere, con nuovi stili e concetti, secondo gli originari e millenari criteri artistici. Milioni di persone ancora lo fanno, seppure ignorate, e rarissime emergono dall'anonimato.
Per contro non si può pretendere che chiunque desideri dedicarsi all'attività artistica abbia le doti per ottenere opere emozionali, talentuose e innovative. Ma provarci è diritto di tutti, proprio come lo è poter scegliere di agire secondo il mistero trascendentale della Fede, o attraverso lo studio dei meccanismi immanentistici del creato e dunque la Scienza.

Per concludere questa prima analisi, tra milioni di persone che necessitano ardentemente di fare arte, ve ne sono ancora molte che spiccano per talento, idee innovative e qualità delle loro opere.
Questi artisti, che ne siano consapevoli o no, hanno ora una missione da compiere: rieducare gli uomini alla percezione della Bellezza insita in tutte le cose non consumistiche e, così, restaurare il pilastro dell'Arte prima che crolli definitivamente, portando con sé l'intero edificio culturale umano.

Il concetto di arte fu appreso dall'uomo emulando, per emozione o per necessità, le meraviglie del Creato e la loro Bellezza. Quanto più l'uomo si allontana da questo assioma, tanto più si allontana dall'arte.

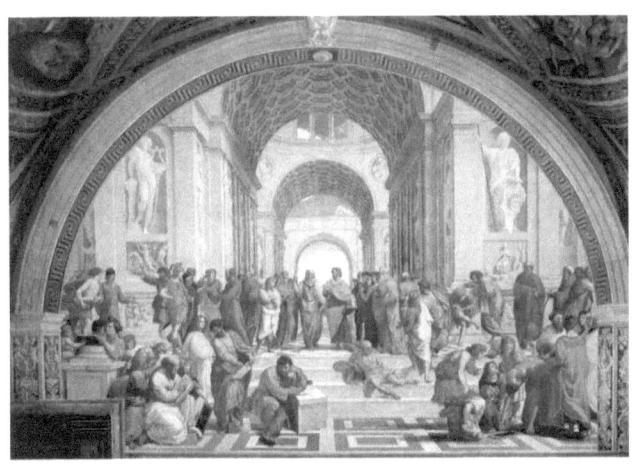

Scuola d'Atene - **Raffaello Sanzio**

II

La confessione di Picasso

Le seguenti parole provengono da un'intervista di Giovanni Papini a Pablo Picasso, pubblicata nel 1952 nel suo "Libro nero", ritenuta inattendibile poiché inclusa tra altre immaginarie di ulteriori personaggi storici.
A riguardo proporrei però questa riflessione: Picasso è morto nel 1973. Se davvero, come le altre, anche la sua intervista fosse stata immaginaria, o comunque le parole di Papini lo avessero contrariato, egli avrebbe avuto 21 anni di tempo per opporsi e smentirle.

Queste le parole attribuite a Picasso:

"Dal momento che l'arte non è più l'alimento che nutre i migliori, l'artista può esercitare il suo talento in tutti i tentativi di nuove formule, in tutti i ca-

pricci della fantasia, in tutti gli espedienti del ciarlatanismo intellettuale.
Nell'arte il popolo non cerca più consolazione ed esaltazione. Ma i raffinati, i ricchi, gli sfaccendati, i distillatori di quintessenza cercano il nuovo, lo strano, l'originale, lo stravagante, lo scandaloso.
Ed io stesso, dopo il cubismo e anche da prima, ho accontentato questi maestri e questi critici con tutte le bizzarrie cangianti che mi sono passate per la testa, e meno mi capivano, più mi ammiravano.
A forza di divertirmi con questi giochi, con tutti questi rompicapi, rebus e arabeschi, sono diventato celebre rapidamente.
La celebrità, per un pittore, significa vendite, guadagni, fortuna, ricchezza. Oggi, come sapete, sono celebre e sono ricco. Ma quando sono solo con me stesso, non ho il coraggio di considerarmi come un artista nel senso grande e antico della parola. Sono stati grandi Giotto, il Tiziano, Rembrandt, Goya. Io sono soltanto un tipo che diverte il pubblico, che ha capito il proprio tempo e ha sfruttato il più possibile l'imbecillità, la vanità, la cupidigia dei contemporanei. La mia è una confessione amara, più dolorosa di quanto può sembrare, ma ha il merito di essere sincera."

Che questo pensiero appartenga o no a Picasso, già in quegli anni, durante i quali artisticamente regnava la più totale anarchia, vi erano menti elevate e coraggiose in grado di formularlo e divulgarlo.

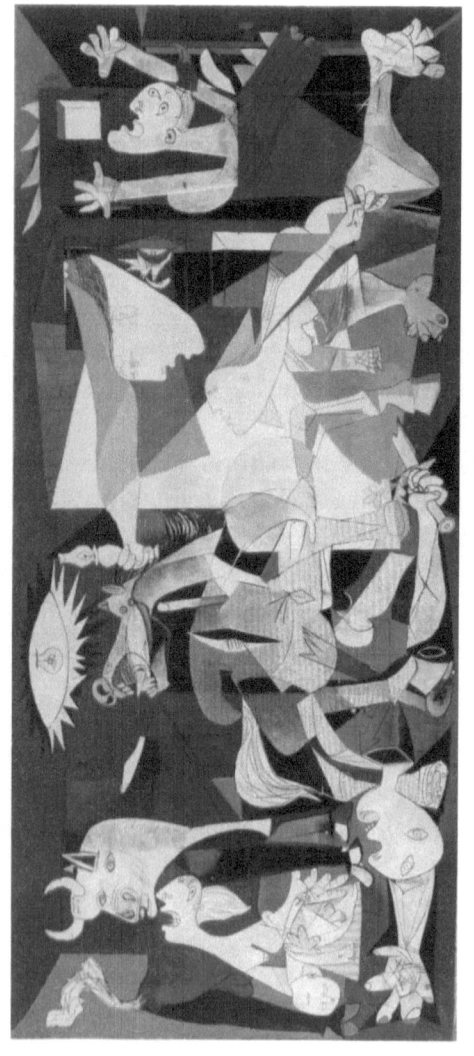

Guernica – **Pablo Picasso**

III

Un pericoloso attentato al pilastro dell'Arte

Pur parlando in questo libro di arte, oggi viene da chiedersi quale sia complessivamente lo stato di salute dell'Umanità, e la risposta non può che essere questa: gravissimo, e ad evidenziarlo è proprio lo stato dell'arte.
Alcuni coraggiosi storici e teorici sostengono che, basandosi sull'esperienza del Rinascimento, che con la sua cura spirituale e culturale contribuì alla fine del Medioevo riducendo molto l'oppressione del potere sui popoli, i suoi odierni detentori, per ridurre nuovamente alla sottomissione e al controllo l'umanità, abbiano pensato di divulgare la balla che l'arte non ha regole.

A dare credito a questo sospetto, esistono più testimonianze di autorevoli uomini politici che tra gli anni cinquanta e gli anni ottanta vi furono implicati, i quali avrebbero ammesso che durante la guer-

ra fredda, cioè la guerra psicologica svoltasi tra USA e URSS, combattuta in ogni campo e così anche quello culturale, gli Stati Uniti idearono ed attuarono, col proposito di superare la millenaria creatività russa, un vero e proprio attentato all'intera arte tradizionale del mondo. Un attentato che oggi, in quanto perfettamente riuscito, ci avvelena ancora con i suoi deleteri frutti.
Di fatto gli americani inventarono un nuovo genere di creatività, spacciandola per artistica, basandosi, non sulla qualità delle opere e degli autori, ma sulla stravaganza di entrambi e sulla totale assenza degli originari fattori e valori della Bellezza.
Quindi scelsero i personaggi più bizzarri e con le idee più strampalate. Personaggi a cui attribuirono qualità moderniste, poi divulgate in ogni settore mediatico.
Fu proprio così che infine, anche a causa dell'eterno mistero sull'identità dell'arte, nacquero le assurde e fuorvianti convinzioni contemporanee secondo le quali: tutto è arte e l'arte è senza regole. Come andarono le cose, è oggi purtroppo sotto gli occhi di tutti.

Per capire cosa sia davvero arte e cosa no, chiedetevi se trovando un cesso, una banana, una tela priva di qualsiasi immagine o tagliata, sfondata ecc, un escremento, un animale morto e altro del genere ovunque fuorché nei musei e nelle gallerie, ovviamente prima che queste cose fossero state storicizzate come arte, avreste potuto pensare che fos-

sero effettivamente arte. Poi rifatevi la domanda con un dipinto di Rembrandt o una scultura di Michelangelo.

Tutto è arte e l'arte è senza regole" è un' affermazione insensata ed estremamente dannosa".

Untitled Head – **Jean Michel Basquiat**

IV

La favola del Re nudo

Un Re, tanto potente quanto vanitoso, chiese ai propri sarti di confezionargli un abito unico al mondo, fatto con stoffe tanto strabilianti quanto inesistenti. Se non vi fossero riusciti, avrebbero subito la pena capitale. Questi, disperati, tentarono l'impossibile con una trovata. Dissero al Re che avevano esaudito la sua richiesta con un abito talmente straordinario che solo le persone intelligenti potevano vederlo.

Il Re, al cospetto dell'abito inesistente, ma abilmente decantato dai suoi sarti, lì per lì rimase esterrefatto, poi, però, per non passare da stupido, cominciò a convincersi di vederlo davvero e quindi ad esaltarlo. Dopodiché disse di volerlo indossare quanto prima davanti al popolo.

Stabilita la data della sua apparizione in pubblico, i sarti diffusero anticipatamente le strabilianti particolarità dell'abito.

Il giorno fatidico, ogni singolo suddito, pur vedendo il Re come natura crea, per non sentirsi più stupido degli altri, lo applaudì come mai aveva fatto prima.
L'illusione finì quando un bambino, con tutta la sua innocente sincerità, cominciò a gridare che il Re era nudo.

Oggi, in arte, esistono personaggi in grado di incantare il prossimo proprio come i sarti del Re nudo. Questi personaggi, tra cui molti considerati veri e propri guru, riescono a decantare per ore opere inesistenti, tipo tele completamente bianche, tele sfondate e altro di similmente assurdo.
Qualche decennio fa ci fu persino un "musicista" che produsse un disco senza alcun suono. Non ebbe molto successo ovviamente, ma in pittura, purtroppo, non si può dire lo stesso.
Nel 2007 una tela di Mark Rothko, con tre stesure di colore, giallo, bianco e rosa, simili a quelle che si applicano sui muri per sceglierne la tinteggiatura, fu battuta all'asta per 73 milioni di dollari. Successivamente, un'altra dal titolo: dipinto N°6 (Violet, Green and Red) fu acquistata all'incredibile cifra di 186 milioni di dollari, diventando così il terzo quadro più pagato della storia.
E pensare che Mark Rothko amava l'arte classica e ai suoi esordi aveva girato l'Italia visitando luoghi come Pompei, Paestum, Tarquinia, Roma, Firenze e Venezia.

Ma l'epoca in cui viveva era troppo dissacrante per avere successo secondo l'originaria idea di arte. Inoltre, la linea "modernista" era una tentazione troppo invitante per non considerarla. Così cominciò a perseguirla eliminando dalle sue opere ogni immagine definita, fino a lasciarvi solo grandi chiazze monocolore.
Il successo arrivò, ma forse non il reale appagamento, raggiungibile solo attraverso una creatività incondizionata da plagi mentali e mode.
Mark Rothko si suicidò sparandosi in testa nel febbraio del 1970.
Personalmente ritengo le opere di Rothko valide in chiave psichica. Ma la varietà di sensazioni che possono ingenerare: pace, angoscia, dolore e altro, non ne giustifica lo spropositato valore economico datogli e, con esso, purtroppo, essendo oggi tutto esaltato in base al denaro, anche quello artistico.

La creatività è sempre stata un toccasana per l'animo umano, in particolare quello degli artisti. Eppure, molti di essi, durante il Novecento, si suicidarono. Forse aver assecondato, per esigenze di mercato e moda, le trasgressive direttive dei Guru dell'epoca, privò loro dei suoi benefici effetti?

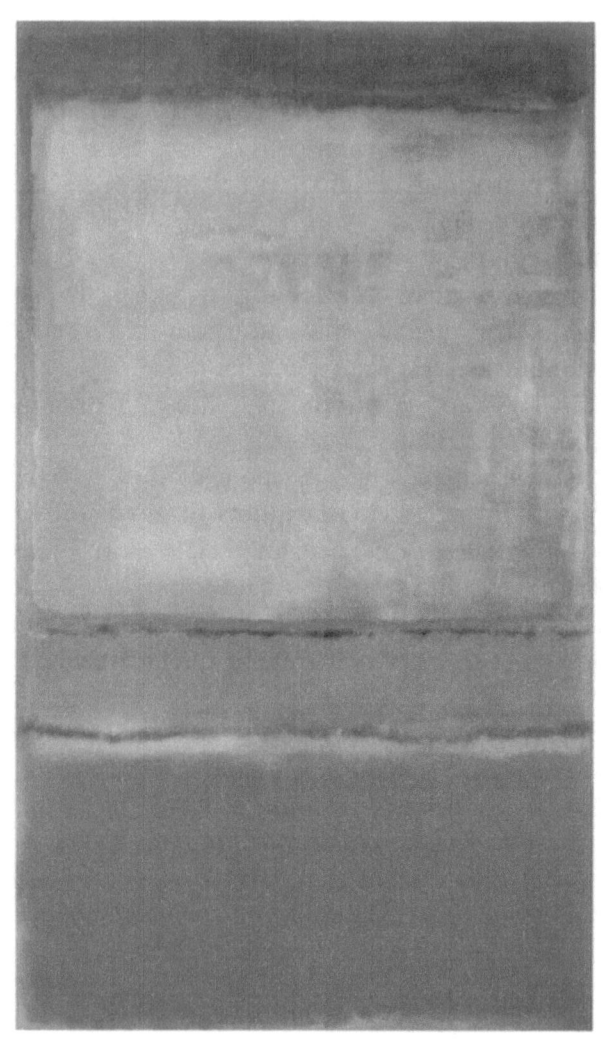

No.6 Violet Green Red - **Mark Rothko**

V

Pur certificando escrementi come arte, la loro natura non cambia. All'uomo la scelta tra questi e l'esatto contrario.

Provocazione e concetto assoluti possono essere arte?
Prima di rispondere facciamoci anche queste domande: La "merda d'artista" di Piero Manzoni (barattolo contenente le sue feci), può essere arte? La "fontana" (orinatoio) di Deschamps, può essere arte? Gli animali sbudellati o immersi in vasche di formalina di Damien Hirst, possono essere arte? Un cane tenuto alla catena per giorni, senza mangiare e bere, in un angolo di una mostra, fino alla morte (crudeltà compiuta anni fa a scopo sensazionalistico), può essere arte?

Pur ritenendo la trovata del cane solo un atto criminale, le altre sono comunque considerabili provocazioni assolute o concetti assoluti. E non si di-

scute che l'arte possa *anche* essere provocazione e concetto, ma la provocazione e il concetto debbono essere al servizio dell'arte, non l'arte. In pratica, quando provocazione e concetto sono espressi assoluti, con l'arte non hanno più niente a che fare, perché essa è il prodotto di un insieme di fattori, non di uno (più avanti vedremo come).
L'arte è emozione, passione, idea, manualità, talento, tecnica, estetica, stile, concetto e, all' occorrenza, provocazione. Ridurre l'arte a uno solo o al massimo due di questi fattori è assolutamente ridicolo oltreché assurdo.
Per fare un esempio esplicativo, se agli spaghetti alla carbonara togliessimo pasta, guanciale, uovo, olio, pecorino e lasciassimo solo sale e pepe, parleremmo ancora di spaghetti alla carbonara? La risposta è superflua. Oltretutto in questo modo ogni cosa sarebbe arte. Ma se tutto fosse arte, niente sarebbe più arte. L'arte non esisterebbe e io adesso non ne starei scrivendo.

L'arte è emozione, passione, idea, manualità, talento, tecnica, estetica, stile, concetto e, all' occorrenza, provocazione.

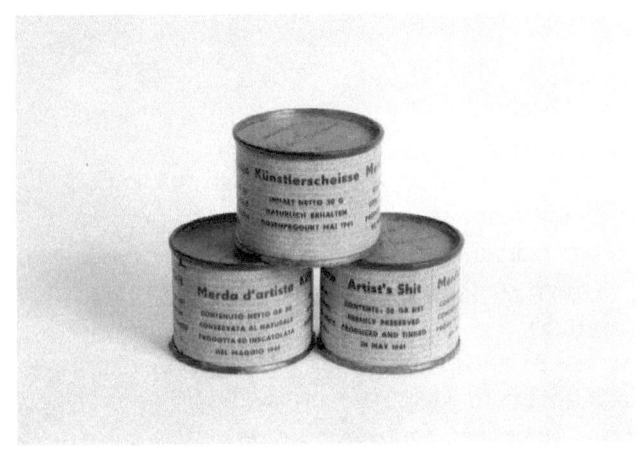

Merda d'Artista - **Piero Manzoni**

VI

L'essenza dell'Arte

Se vi trovaste a passare davanti a una panetteria, probabilmente il profumo del pane appena sfornato vi raggiungerebbe e potreste affermare che l'essenza del pane è in quella fragranza, in quel profumo.
Se invece vi trovaste alla Scala di Milano ad ascoltare un'aria di Mozart, o allo stadio ad un concerto Pop, Rock ecc, potreste dire che l'essenza della musica che state ascoltando è nella composizione ordinata di note emessa dal musicista o dai musicisti.
Osservando l'opera pittorica "Giuditta e Oloferne" del Caravaggio, potreste percepirne l'essenza sul volto straordinariamente espressivo dei personaggi dipinti.
L'essenza di ogni cosa è dunque prodotta dall' armonia d'insieme di tutte le sue parti ed è percepi-

bile dall'uomo attraverso i sensi di cui è dotato: vista, udito, tatto, gusto, olfatto.

Sempre più spesso, oggi, in Arte, con la pretesa di voler mostrare di ogni opera l'essenza, la si spoglia di gran parte dei suoi componenti.
Sotto l'influenza dei critici (non tutti per fortuna), l'artista non è più padrone di dirigere la propria passione e il proprio talento: togli questo, togli quest'altro, via i fronzoli, via la forma, via i colori... via ogni cosa.
Non ci si rende conto che spogliare un'opera non significa evidenziarne l'essenza, poiché essa non scaturisce dalla sottrazione dei componenti, ma, come già detto, dalla loro armonia d'insieme.

Vi sono stati pseudo pittori che hanno spogliato talmente i propri quadri, da esporre in mostra solo la cornice.

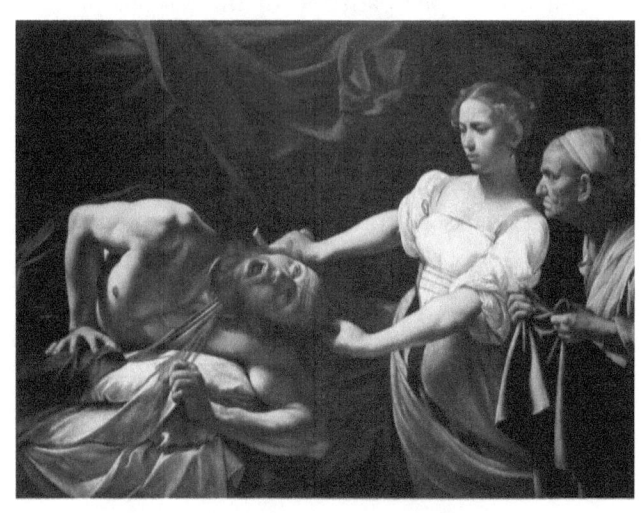

Giuditta e Oloferne - **Caravaggio**

VII

Il critico d'arte e la psiche degli artisti

La figura del critico d'arte, un tempo inesistente, è oggi più che mai richiesta. Compito degli artisti è creare, quella del critico di analizzarne le opere e *descriverle* (non *spiegarle*, perché il messaggio dell'arte deve sempre arrivare senza alcuna mediazione a chiunque abbia normali sensibilità e capacità intellettive). Ma per analizzare davvero obiettivamente un'opera d'arte e descriverla, sarebbe auspicabile possedere almeno un minimo di creatività artistica e conoscenza delle tecniche impiegate. Se così non fosse, l'intervento del critico rischierebbe di ridursi più a psicoanalisi dell'autore che a descrizione dell'opera, sempreché il critico di turno ne sappia di psicologia.
In effetti, molti critici, specialmente nei primi decenni del secolo scorso, non avendo le doti e le conoscenze tecniche degli artisti, preferirono analizzarne e descriverne le motivazioni psichiche che

li spingevano a creare anziché l'operato in termini di qualità. E qui subentrò la loro stessa psiche in termini di protagonismo. Critici molto influenti e altrettanto persuasivi cominciarono a guidare gli artisti facendogli eseguire le proprie elucubrazioni mentali, che altrimenti non avrebbero mai visto la luce (a questo punto viene da chiedersi chi tra ideatore ed esecutore fosse l'autore dell'opera).

- Il critico d'arte ideale dovrebbe essere per prima cosa un profondo conoscitore dell'intera Storia dell'Arte e averne a cuore le sorti.

- Dovrebbe possedere almeno un minimo di doti personali creative e conoscenze tecnico-pratiche.

- Dovrebbe mettere da parte i propri gusti personali ed essere sempre obiettivo.

- Dovrebbe possedere onestà intellettuale e integrità morale.

- Dovrebbe rifiutarsi categoricamente di recensire la provocazione assoluta.

- Non dovrebbe avere manie di protagonismo e dunque influenzare gli artisti.

- In ultimo, dato forse più importante, non dovrebbe vedere negli artisti la propria principale fonte di guadagno e, di conseguenza, osannare opere chiaramente dilettantistiche e persino il nulla.

Il guadagno del critico sull'artista è giustificato, come percentuale, solo in caso di vendita di opere in seguito ad un suo sincero e onesto impegno intellettuale e divulgativo.
Accettabile è lo scambio opera-recensione in quanto non incide sull'economia dell'artista e perché così il critico dimostra di apprezzala davvero.

Una creazione è d'arte quando un artista è pienamente soddisfatto del proprio operato a prescindere dal giudizio altrui (cioè per lui sarà arte), ma il concetto di Bellezza da perseguire non è personale, bensì universale.

Chiunque abbia abbastanza sensibilità, ha il diritto di dedicarsi alla creatività dell'arte tentando di darle forma, ma saranno la qualità e la durata del messaggio delle sue creazioni nel tempo a decretarne il valore la grandezza.

VIII

L'enorme business gravante sulle tasche degli artisti

In pittura e scultura vi sono molte organizzazioni e personaggi che promuovono dappertutto eventi espositivi. E questo sembrerebbe un bene per la salute del pilastro dell'arte, ma in verità non lo è. Si tratta quasi esclusivamente di eventi inizialmente ad iscrizione gratuita, ma poi a pagamento per i selezionati.

In pratica funziona così: la selezione viene elargita a tutti gli iscritti (solo l'impresentabile è escluso). Dopodiché, al dieci per cento che in media accetta di pagare, è concesso di esporre. Ma così, oltre al raggiro di chi s'illude d'aver superato un vero esame, non si avrà una mostra con gli effettivi migliori partecipanti, bensì con quelli paganti. Il risultato è ovunque mostre con opere di mediocre se non zero valore, dove anche in questo caso il pilastro dell'Arte è gravemente minato dal business.

Come già ampiamente affermato, l'arte necessita urgentemente del recupero dei suoi originari valori comunicativi, morali ed etici, ma per augurarci che ciò avvenga, va assolutamente evitato che il prezzo di tale progetto ricada sugli artisti. Cioè, considerato che eventi di reale elevato interesse culturale debbano essere motivo d'orgoglio e fonte d'introiti per ogni città che li ospiti, gli organizzatori, se sono davvero influenti e mossi da nobili intenti, debbono impegnarsi affinché siano enti pubblici e privati a sobbarcarsi le spese.
Solo così potrà avvenire una reale selezione dei partecipanti agli eventi, non essendo più necessario finanziarli con quelli paganti.

Che soddisfazione può avere chi partecipa ad un evento sapendo di essere stato selezionato perché ha pagato e non per l'effettiva qualità delle sue opere?

PARTE SECONDA

IL TEOREMA DELL'ARTE

IX

Il dono

In questa seconda parte del libro si vuole invitare a riflettere sulle numerose componenti dell'arte e come l'uomo ne abbia percepito il concetto, preesistente al proprio stesso avvento. Di conseguenza se ne vogliono evidenziare i fattori fondamentali e, con essi, arrivare a formulare una sorta di teorema la cui aspettativa non è la pretesa d'inconfutabilità, ma aprire le menti e scuotere le coscienze.

Iniziamo subito dicendo che i fattori principali dell'arte sono conseguenza delle espressioni dell'Universo e della Natura e, perciò, considerabili *Valori Originari* poiché esistenti dall'inizio dei tempi e appresi dall'uomo solo conseguentemente allo sviluppo del proprio intelletto (già questo dimostra come il concetto di Arte non sia frutto della mente umana, ma comprensione di una realtà fondamentale dell'esistenza).

Considerando il cammino dell'Arte partendo da queste basi, essa si è evoluta nei millenni (intesa come dono Divino o del Creato) con infinite varianti, sempre però collegate ai *Valori Originari*.

Va detto che un'evoluzione creativa parallela all'Arte, meno spirituale poiché dai fini concreti e funzionali, scaturì dalle necessità e cioè dalla realizzazione di utensili a scopo pratico, quindi né ornamentale e né contemplativo e perciò dalle forme inizialmente essenziali.
Successivamente, l'influenza della Bellezza del Creato nella psiche dell'uomo, lo indusse a rendere quegli stessi utensili sempre più elaborati ed armoniosi.
Esso, poi, avrebbe distinto tale forma creativa con la definizione "Artigianato".

Il concetto originario e unico di arte è dunque intuibile nella Bellezza del Creato, questa a sua volta figlia dell'armonia e non del caos (già i filosofi greci, in particolare Platone, sostenevano che il caos, contrario dell'armonia, madre della Bellezza universale, non può generare lo stesso frutto, ma quello opposto).

L'arte ha dunque un fattore imprescindibile che è la Bellezza, alla cui formazione contribuiscono quattro *Valori Primordiali Naturali*: i concetti di Pittura, Scultura, Musica e Poesia.

- Il concetto di pittura, conseguenza dei colori del cielo, del mare, dei prati, dei monti e di tutte le tonalità dell'arcobaleno.

- Il concetto di scultura, conseguenza delle forme modellate dal vento, dall'acqua e dal tempo.

- Il concetto di musica, conseguenza dei suoni generici e cadenzati della Natura.

- Il concetto di poesia, conseguenza di particolari stati d'armonia dei componenti del Creato.

Valori Primordiali Naturali dell'arte, questi, successivamente ispiratori nell'uomo di numerose varianti che, in ogni caso, non gli consentono di pretendere di essere l'artefice del concetto di arte e dunque poterlo disfare e rifare a proprio piacimento.

L'arte è un dono incommensurabile che l'uomo ha il dovere primario di tutelare

X

Approdo nella logica dell'arte

"Nata con un atto di fede nel Creato, la Scienza non ha mai tradito suo padre (Galileo Galilei). Essa ha scoperto nell'Immanente nuove leggi, nuovi fenomeni, inaspettate regolarità, senza però mai scalfire, anche in minima parte, il Trascendente."

"Non esiste alcuna scoperta scientifica che possa essere usata al fine di mettere in dubbio o di negare l'esistenza di Dio."

Dal libro:
"Perché io credo in colui che ha fatto il mondo"
Antonino Zichichi

La scienza afferma che tutto quello che è nell'Immanente è dimostrabile, ma non Dio, es-

sendo Egli ritenuto, per chi ha fede che esista, entità del Trascendente.
Questa premessa per dire che se si dimostrasse che il concetto di arte nasce e si sviluppa nell' Immanente, il suo teorema sarebbe assolutamente dimostrabile.

Diciamo intanto che l'arte è idea e materia al tempo stesso. Cioè idea di un progetto e progetto messo in pratica (l'idea da sola non basta per essere arte, ma deve essere espressa nel mondo immanente attraverso la materia e il suo messaggio, o significato, ed essere intuibile da chiunque abbia normali sensibilità e doti intellettive. Anche la musica include la materia, in quanto alla sua produzione occorre realizzare e impiegare strumenti. Lo stesso vale per la danza, la recitazione e il canto: gli strumenti in questo caso sono le persone).

L'arte dunque è idea e materia, e per millenni l'*idea* è stata considerata scintilla *trascendentale* e quindi fattore contrastante la possibilità che l'arte possa essere dimostrabile con un teorema e così avere delle regole.
Oggi però le cose sono cambiate per merito della scienza. Cioè essa ha scoperto, attraverso lo studio dei *quanti*, che persino il pensiero e quindi le idee sono fatte di materia. Particelle infinitesimamente piccole, ma pur sempre materia. E la materia, non c'è dubbio, appartiene all'immanente.

Oltretutto dovremmo chiederci da dove provengono le ispirazioni delle nostre idee creative. Ebbene, sempre la scienza ha dimostrato, attraverso lo studio dei sogni e le testimonianze di persone cieche al cento per cento dalla nascita ed altre con lo stesso grado di cecità avvenuta successivamente, che i primi sognano un mondo privo di immagini definite e colori, in tonalità grigio scuro, mentre i secondi continuano a sognare ad immagini e colori proprio come prima della cecità. Questo significa che tutti i nostri stimoli ed ispirazioni provengono dal mondo reale e immanente intorno a noi, non dal trascendente.

A questo punto, avendo dimostrato come l'arte nasca e si sviluppi nell'immanente, e sapendo che ogni cosa dell'immanente, per esistere, deve avere caratteristiche e regole dimostrabili, proviamo ora a dimostrare il Teorema dell'Arte, ricordando però prima che, qualsiasi cosa il cui concetto stravolga totalmente quello originario, non è più quella cosa e la sua nascita può essere regolarizzata, se giustificata dal proprio tempo e dalla necessità, solo con una nuova denominazione.

Creazioni esclusivamente concettuali, che così troncano ogni rapporto con le origini dell'arte, non possono più essere definite d'arte.

Se le creazioni esclusivamente concettuali avessero una propria denominazione, ne guadagnerebbero sia esse che l'arte.

XI

Differenze tra Bellezza ed Estetica

La Bellezza è la virtù appagante di qualsiasi cosa esprima armonia. Essa è dunque individuabile nell'armonia strutturale del Bene, della Bontà, dell'Amore, della Gioia, ma anche e in particolare nell'armonia di ciò che stimola i sensi generando emozioni e, quindi, nelle Meraviglie dell'Universo e della Natura.
Si può affermare con certezza che la Bellezza non è soggettiva, ma oggettiva (seppure succeda che tale affermazione sia causa di controversie), in quanto misurabile attraverso i modelli di armonia universale preesistenti all'uomo, riconosciuti poi come tali dal suo intelletto, questi a loro volta identificabili negli standard animali, vegetali, microbiologici, materici e fisici.

A livello prettamente esteriore, un essere umano, un animale, una pianta o un insetto, più si scosta

dalla perfezione del proprio standard e dal suo stato di buona salute, più è qualificabile *antiestetico*; così come lo sono anche gli ambienti squallidi e i paesaggi disastrati.
La Bellezza, però, specialmente negli esseri viventi, va anche considerata nella sua totalità tra aspetto esteriore e quello interiore. Ad esempio una persona esteriormente mediocre può avere così tante qualità interiori da risultare, globalmente, più affascinante di una molto bella solo fuori.

L'Estetica, al contrario, tratta esclusivamente ciò che riguarda l'aspetto esteriore delle cose e dunque sensoriale: vista, udito, tatto, gusto, olfatto. Di conseguenza da sola non può rappresentare l'arte in quanto essa, come già detto, è il prodotto di più fattori, tra cui quello imprescindibile della Bellezza.

Ma come può un quadro, una scultura, una musica o una poesia esprimere Bellezza, dunque non solo estetica, considerata ora la sua complessità?

Prendendo ad esempio il gruppo scultoreo del Laocoonte, straordinaria opera in marmo realizzata intorno al 150 a.C. dagli scultori Agesandro, Atanodoro e Polidoro, essa trasmette un altissimo grado di Bellezza attraverso la sua eccezionale potenza espressiva, prodotta da aspetti interiori emozionali quali disperazione, dolore, terrore ed altro, ed esteriori come la plasticità dei corpi, la composizione strutturale e la cura maniacale dei particolari. Un altissimo grado di Bellezza, che diventa spirituale poiché in grado di nutrire l'anima di chiunque si trovi ad ammirarla e abbia un minimo di sensibilità.

La Bellezza è il principale nutrimento dell'anima.

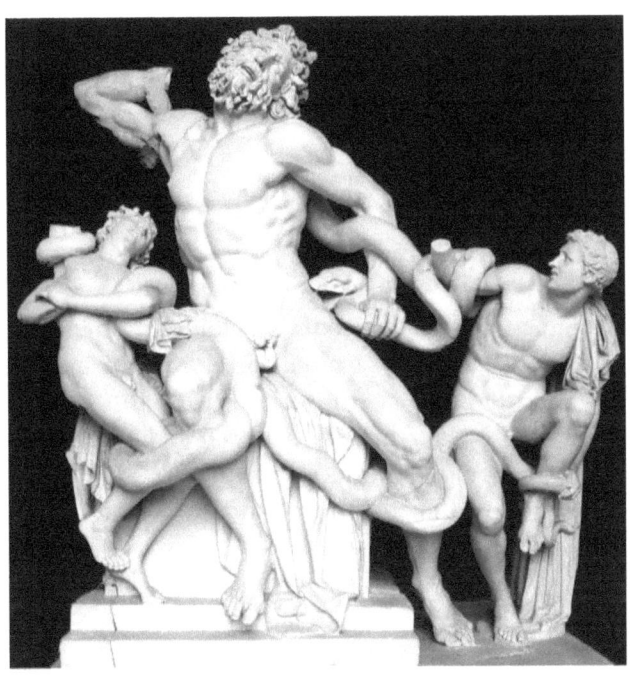

Gruppo Scultoreo del Laocoonte – **Agesandro, Atanodoro e Polidoro**

XII

L'inganno della "regola d'arte"

Un falegname costruisce un tavolo, un mobile, una porta. Un fabbro costruisce serrature, cancelli, telai. Un muratore costruisce muri e case. Queste sono opere realizzabili con estrema diligenza, sapienza e, perciò, secondo un antico ma sempre attuale modo di dire, a "regola d'arte". Tuttavia, essendo nate a scopo pratico e non spirituale, ma specialmente essendo riproducibili in serie, non possono essere effettivamente definite d'arte.

L'arte non è riproducibile poiché, essendo l'idea tra i principali fattori che la determinano, pur eseguendo la copia perfetta di un capolavoro, l'idea scatenante apparterrebbe sempre ed esclusivamente all'opera originale.

È legittimo che molti mestieri vadano considerati nell'ambito dell'artigianato (il termine "artigianato" è suddivisibile in tre parti: arti-gia-nato = arte già nata), ma l'impiego sempre più pretenzioso di questa misteriosa "regola d'arte" (paradossalmente si accetta che l'arte possa avere almeno una regola), ha senza dubbio contribuito a fare confusione nell'identificazione della stessa.

Un termine, quello della "regola d'arte", che sembra aver avuto origine nell'antica Grecia nel suo periodo di maggiore splendore, nato per esaltare la qualità dei prodotti artigianali. E dato che all'epoca non c'era, come oggi, l'impellente necessità di dimostrare le regole dell'arte, paradossalmente tanto splendore non consentì neppure ai grandi filosofi del tempo di identificarle e stabilirle (a loro discolpa la scienza non aveva ancora scoperto che persino le idee sono fatte di materia infinitesimale e così di provenienza immanentistica e non trascendentale).

La definizione "a regola d'arte" non fa di qualsiasi cosa un'opera d'arte.

XIII

L'uovo di Colombo e il Teorema dell'Arte

Ricapitolando: alla domanda perché in millenni di creatività artistica non siano ancora state individuate le caratteristiche basilari dell'arte e di conseguenza le regole, le risposte sono principalmente due. La prima attribuisce la causa all'antica credenza che le ispirazioni e le idee creative dell'arte nascano nel trascendente. La seconda, prettamente attuale, evidenzia che proprio chi dovrebbe impegnarsi a individuare le caratteristiche e le regole dell'arte, ha più vantaggi a non farlo.
Ad ogni modo, ora, aver decretato attraverso la scienza che anche le ispirazioni e le idee nascono nell'immanente, sarà determinante.
A riguardo, ricordiamo l'aneddoto dell'uovo di Colombo:

Subito dopo la scoperta dell'America, alcune altezzose personalità, sedute intorno a un tavolo con

Cristoforo Colombo, sostenevano che la sua impresa non avesse nulla di sensazionale; cioè, "bastava pensarci".
Colombo, risentito, propose loro di riuscire a far stare dritto un uovo.
Tutti, per quanto vi provarono, fallirono miseramente dicendo che fosse impossibile.
Colombo allora prese l'uovo, lo batté leggermente in una delle sue estremità, lo posò sul tavolo dalla parte ammaccata e lo mise dritto in equilibrio.
Immediatamente i suoi detrattori dissero che così avrebbe potuto riuscirci chiunque.
È vero - rispose Colombo - bastava pensarci.
Questo per dire che a volte i dilemmi hanno una soluzione più semplice di quanto si possa immaginare, la quale, finché ritenuta impossibile oltreché scomoda, non sarà mai né cercata né trovata.

Nel capitolo *il Dono* è dimostrata la possibilità di identificare le caratteristiche dell'arte, utili a stabilirne le regole, attraverso i concetti di *Pittura*, *Scultura*, *Musica* e *Poesia*, definibili **V**alori **P**rimordiali **N**aturali.
Proseguendo, si è visto come l'arte assuma sviluppi umani attraverso il pensiero, il quale, pur essendo erroneamente ritenuto un fattore trascendentale, è comunque provato che tragga le proprie ispirazioni creative dalle percezioni sensoriali del mondo esterno reale e quindi immanentistico.
In altre parole, l'uomo può sì immaginare e credere che esista una dimensione trascendentale, ma

non poterne dimostrare né la sostanza né il contenuto, è già quanto basta a provare che nessun pensiero vi possa entrare e uscire.

Si può allora affermare che l'arte è parte dell' immanente in quanto vi nasce e, attraverso un' elaborazione nella mente umana dove tutt'al più può solo sfiorare il trascendente (se vi entrasse sarebbe l'unica cosa di questo mondo a poter dimostrare l'esistenza di Dio) resta definitivamente nell' immanente allorché, plasmata nella materia dall' uomo, egli la partorisce nuovamente con la propria interpretazione.

Tutto ciò può essere meglio compreso attraverso il Teorema esposto nella pagina seguente:

Formula con fattori originari e sequenza secondo la quale nascerebbe l'Arte. Per semplificare chiameremo **VPN** i **V**alori **P**rimordiali **N**aturali, ovvero: Pittura, Scultura, Musica e Poesia.

L'Arte scaturisce dalla somma di MINIMO 9 fattori.

(1) **Immanente** = mondo reale.
(2) **VPN** = Valori Primordiali Naturali.
(3) **Estetismo** = armonia di forme, colori e suoni.
(4) **Emozione** = VPN + Estetismo.
(5) **Materia** = sostanza fondamentale dell'Immanente.
(6) **Passione** = diretta conseguenza dell'Emozione.
(7) **Manualità** = conseguenza della Passione.
(8) **Talento** = Passione + Manualità.
(9) **Tecnica** = metodo esecutivo.

Immanente + VPN + Estetismo + Emozione = **Idea**
Sostanza fondamentale dell'Immanente = **Materia**
Passione + Talento + Manualità + Tecnica = **Esecuzione**

Idea + **Materia** + **Esecuzione** = **Arte** *(opera d'arte)*

Lo **Stile** è un fattore umano raggiungibile nel tempo, mentre il **Concetto** è il fattore variabile di un'opera, la quale, per poter essere definita "d' arte", non può prescindere dal ricreare quello originario e induttore della **Bellezza**, questa in qualità nutrimento dell'anima.

L'arte, nell'uomo, subisce l'evoluzione del pensiero e della cultura. Ad egli, tuttavia, non è concesso di modificarne le regole né di ignorarne i valori originari (**Arte + Evoluzione umana = Storia dell'Arte**).

La validità della formula è comprovabile confrontandola con qualsiasi forma d'arte.

PARTE TERZA

NAVIGANDO VERSO UN NUOVO UMANESIMO E UN NUOVO RINASCIMENTO

XIV

PERCHÉ LA NASCITA
DEL MOVIMENTO ARCAISTA

Il motivo per cui ho fondato Movimento Arcaista è la verità. Essa, anche quando si tratta di un'idea di verità personale, per chi ritiene di averla scoperta diverrà una responsabilità imprescindibile. Ignorarla gli sarà impossibile. In pratica non potrà più tornare indietro. La conoscenza coinvolge indissolubilmente la coscienza.
Ora la mia idea di verità sull'arte (che non è mai stata solo mia considerate le ormai innumerevoli approvazioni), dopo aver studiato accuratamente il cammino evolutivo dell'arte dalle sue origini ai primissimi anni del novecento ed essermi interrogato per anni sulle sue caratteristiche basilari, e non da meno sulla sua importanza, sostiene che essa è fondamentale ad un'esistenza umana degna di tale definizione e che, perciò, il proprio millenario concetto legato alla Bellezza va recuperato e tu-

telato a tutti i costi (come già detto l'edificio culturale umano si è sviluppato nei millenni su tre pilastri: Fede, Scienza e Arte. E guarda caso qualsiasi edificio necessita di almeno tre pilastri per restare in piedi).

Arte e Bellezza sono dunque indissolubili. Senza la Bellezza non vi è Arte, senza Arte non vi è Bellezza (la frase "le meraviglie della Natura" contiene in sé Opere e Creatore e, di conseguenza, il concetto di Arte ancor prima che l'uomo col suo avvento sulla Terra potesse appropriarsene e oggi arrogarsi la pretesa di poterlo stravolgere).
La Bellezza è dunque ciò che rende la nostra esistenza nobile oltre che piacevole. La Bellezza è il senso di armonia percepibile nelle cose e ciò per cui l'Uomo ha sempre lottato per sottrarsi ad un destino altrimenti grigio, opprimente ed angosciante. Quindi la Bellezza, dono della primigenia Creazione, è Speranza poiché luce lungo il nostro cammino evolutivo.

Ecco, io anni addietro sono giunto mio malgrado a questa personale verità che poi, considerati gli innumerevoli attentati compiuti negli ultimi cento anni al Pilastro dell'Arte, eliminando la Bellezza quale ingrediente fondamentale della malta di cui è composto, non ho potuto esimermi dall'attivarmi nel divulgarla attraverso il Manifesto del Movimento Arcaista. Se non lo avessi fatto, non avrei adempiuto ai miei doveri di Essere Umano.

XV

Uomini d'onore

Tra coloro che dal 2006 al 2011 hanno contribuito, del tutto altruisticamente e con la massima onestà intellettuale, al successo del Movimento Arcaista, ci sono sicuramente Carlo Roberto Sciascia (critico ed esperto d'arte) e il Vescovo Carlo Chenis (storico dell'arte, critico e membro della commissione pontificia dei Musei Vaticani, purtroppo oggi non più tra noi).
È con profonda stima e affetto nei loro confronti che riporto in questo libro le rispettive disamine sullo stato attuale dell'arte e sul Movimento Arcaista, già pubblicate in passato nel libro "Il *Bello* ci salverà" e ne "Il Teorema dell'Arte.

Il mondo ha bisogno di Bellezza (Carlo Roberto Sciascia)

"Homines studium pulchritudinis habentes" (uomini che studiano la bellezza). Così Giovanni Paolo II ha definito gli operatori cattolici del mondo dell'arte, coloro che, posti al di sopra della massificata superficialità del lavoro, coniugano la religione della bellezza e la bellezza della religione e ornano un mondo sempre più alla ricerca di bellezza per appagare il suo bisogno estremo di armonia e di completezza.

L'arte, quale linguaggio universale della bellezza che tutti attrae, è latore di un messaggio universale che annuncia la mitica era dell'armonia e della pace. La bellezza, infatti, porta alla catarsi facendo volgere l'attenzione ai contenuti attraverso la contemplazione di forme, segni e colori che indicano l'energia primigenia dell'essere e si aprono all'assoluto. Anche gli eventi più drammatici, che intristiscono il particolare del singolo soggetto e danno colori crepuscolari alla scena di questo mondo, attraverso l'arte si sublimano. L' universalità dell'arte sta, appunto, nel fatto che sospinge tutti verso un mondo ricreato, culminante in nuovi cieli e nuova terra; allorquando percorre la via estetica verso ciò che si può definire l'estasi mistica, l'arte infrange il recinto angusto e angoscioso del finito, in cui l'uomo è immerso finche vive sulla Terra, per aprire un nuovo varco verso l'infinito.

L'arte, quindi, ha valore universale poiché, quando è sentita e sofferta nella sua autenticità, è linguaggio dello spirito e della mente, ne è raffinato strumento cercando con un personale codice arcano di comunicare a tutti la ricchezza di esperienze e di conquiste, di proposte e di proiezioni.

In tutte le sue manifestazioni di bellezza è profezia della civiltà dell'amore, rappresentazione estetica e spirito volto ad un ideale intellettuale, etico e morale, che oltrepassa la capacità dei sensi e il campo della materia fino ad elevarlo verso quegli ambiti, nei quali ogni bene ed ogni bellezza possono dimorare. La bellezza è l'espressione visibile del bene, come il bene è la condizione metafisica della bellezza.

I greci coniarono perciò l'allocuzione *bellezza + bontà = nobiltà d'animo, signorilità*. E Platone affermò che la potenza del Bene si è rifugiata nella natura del Bello.

Questa premessa è, a mio avviso, utile ad introdurre il discorso sul Movimento Arcaista che, si badi bene, è rivolto a tutti gli artisti, indipendentemente dal loro credo religioso (anche gli atei, in fondo, intendono l'arte come "un dono della Natura" per concepire e perpetuare – afferma Massimo Stefani – dalla contemplazione delle meraviglie del Creato il rispetto verso queste, emulandone la magnificenza grazie alla propria innata sensibilità per il bello) con la sua proposta di un'arte rinnovata nel suo collegamento indissolubile con il passato. Infatti, l'arte, usata già dall'uomo delle caverne quale mezzo per comunicare le proprie emozioni e sensazioni di fronte al mondo, per trasmettere ai suoi simili messaggi di speranza e visioni di una realtà intima, per rivelare anche tutti i contenuti spirituali ed etici affinché l'umanità possa ritrovare se stessa, l'essenza della vita, la spiritualità insita in essa, da alcuni decenni vive un momento di crisi profonda per aver perso "la bussola". Gli artisti veri, quelli non partecipi al "sistema dell'arte", hanno bisogno di un punto di riferimento, di una "stella polare", perché la "Nave Arcaista" possa raggiungere la meta.

Massimo Stefani, artista fondatore del movimento e novello Noè su questa "Arca", prosegue nel discorso sul "Teorema dell'Arte" e, cosa veramente singolare, riesce a trattare il tema quale vero teorema matematico con tanto di premesse, ipotesi ed equazioni.
Per il "sistema dell'arte", che propone un'arte e una bellezza assoggettata a logiche perverse basate sulla sua abilità di "commercializzazione" e sulle sue capacità di ottenere "agganci politici" sull'arroganza e sulla prevaricazione, si può rendere artisticamente valida ed eccezionale qualsiasi nefandezza realizzata dall'artista prescelto e significativo, qualsivoglia manufatto presenti qualcosa di nuovo, e ciò indipendentemente dall'effettivo contenuto della proposta (altra sfaccettatura nell' interpretazione de "Il Re nudo").
A volte ho affermato che di fronte ad una tela completamente bianca, un critico colto o un filoso-

fo è in grado di scrivere un libro ricco di concetti interessanti e notevoli, ma dopo aver chiuso il libro, arricchiti per tutta l'energia trasmessa da quella lettura, se si alzano gli occhi, si vedrà... la stessa tela bianca di prima.
In ciò vi è una chiara "critica ai critici" sempre pronti a blaterare nascondendo, magari, con paroloni il vuoto di contenuti, mentre dovrebbero semplicemente fornire una "possibile chiave di lettura" delle opere e del mondo intimo dell'artista.

Massimo Stefani giustamente afferma che solo in tal modo si può parlare di "morte dell'arte", ed io aggiungerei che a morire non è l'Arte con la "a" maiuscola, quella vera, quanto la pseudo arte studiata e decisa a volte anche a tavolino. A tal proposito fa bene il fondatore dell'Arcaismo a citare una confessione del grande Pablo Picasso che sottolinea il baratro in cui l'arte è caduta.

Consequenziale è stato il plauso ed il successo del movimento a cui hanno aderito varie migliaia di artisti da tutto il mondo. "Era ora - hanno detto i cultori della vera arte - che qualcuno con forza si ponesse contro quel sistema economico-politico-elitario che ha impedito a tanti bravi artisti di crescere e farsi conoscere" (per onore di verità vari artisti e critici, me compreso, hanno da tempo intrapreso una lotta intensa contro quel modo di intendere l'arte e quindi "combattono" sullo stesso fronte!).

Importante per uscirne è per Stefani ritrovare l'essenza dell'arte, ritrovare il senso del bello e del brutto, dell'estetica, dell'armonia quale antitesi del caos. Opportuno, a questo punto, è il riferimento che l'autore fa al libro "Una nuova Storia dell'Arte" di Julian Bell, secondo cui nel clima della guerra fredda gli USA attuarono una manovra di "destabilizzazione della creatività artistica" riuscendo a coinvolgere molti nella rincorsa alla novità, alle cose strane, all'originalità determinata solo dall'essere stato il primo ad avere avuto quell'idea, anche se onestamente sarebbe stato meglio che non l'avessero avuta.

Veramente importante è, a questo punto, sottolineare che l'autore è riuscito ad impostare un vero e proprio teorema stile matematico con tanto di ipotesi, tesi e dimostrazione, partendo dall'insieme dei "dati valoriali" interagenti tra loro per costituire l'arte; le equazioni di Massimo Stefani diventano i veri e propri elementi fondanti della "Nave Arcaista" nel suo viaggio verso un "nuovo Umanesimo", verso l'auspicato "moderno Rinascimento". I Valori Primordiali della Natura sono individuati giustamente, dall'autore, in pittura nei colori del cielo, dei prati, dei monti e dell'arcobaleno; in scultura nelle forme modellate dal vento e dall'acqua; in musica nelle melodie profuse dalla Natura; in poesia nell'armonia delle meraviglie del Creato. La visione dell'arte di Stefani richiama a quella di Benedetto Croce, anche se quei concetti fondamentali devono implicitamente essere riveduti sulla base della società contemporanea e delle tecnologie disponibili e modificate, per renderli attuali.

Nonostante questo richiamo al rinascimento con un mondo popolato da un *"homo artefix fortunae suae"*, il discorso intrapreso si avvia verso il campo filosofico: l'uomo è visto come essere determinato da una parte immanente ed un'altra trascendente mentre la Natura, vera ispiratrice e chiave per risolvere il Teorema dell'arte, in quanto immanente determina la possibilità di soluzione, impossibile se si riconoscesse un quid di trascendente. L'idea dell'arte è quindi dimostrabile: "L'Arte è materiale e immanente al tempo stesso. È materia plasmata ma anche idea. Un'idea concepita, però, non dal trascendente, ma dall'ispirazione concreta e reale della Natura".
In effetti, sembrerebbe che così si trascurassero le intime pulsioni, il mondo interiore che da origine ad ogni nostra azione e, di conseguenza, all'arte. Ciò è, in effetti, superato in quanto ad operare sulla tela o con l'argilla è l'uomo con tutto ciò che ha insito in sé. È l'uomo a realizzare un ponte tra l'immanente e il trascendente, tra la materia e lo spirito.
La provocazione, il "concetto" e quanto altro rappresentano il sale e il pepe dell'opera, ma non possono sostituirsi ad essa!

La validità del volume di Massimo Stefani risiede principalmente in un'arte pulita originaria in quanto non perde di vista quei valori e quel substrato fondante senza cui non si può parlare di arte figurativa, in quel suo lottare da gladiatore contro il sistema dell'arte visto come principale male, in quella speranza riposta nell'uomo e nella sua capacità di risollevarsi dal baratro nel quale è caduto per veleggiare verso un mondo migliore. L'uomo deve riacquistare la sua acutezza per correggere le storture del mondo, ritornando ad un'essenza basilare.

L'arcaismo propone un vivere valoriale recuperando i valori morali universali per condurre l'Umanità verso un degno futuro. "L'artista arcaista – dice Stefani – oggi ha un dovere in più rispetto agli artisti del passato in quanto deve aprirsi alla comprensione degli altri e di ogni forma creativa emozionale, utile ad un rafforzamento spirituale collettivo verso il bello e l'amore per le cose. Ogni artista deve accettare l'inconfutabile verità che non è l'uomo a fare grande l'arte, ma è l'arte, in taluni casi, a fare grande l'uomo, anche attraverso l'impegno che egli stesso vi dedica".
Il desiderio di un mondo migliore e di un'arte vera non è, però, un'utopia. Ormai è tangibile la presenza di un "fuoco di ribellione" che progressivamente spazzerà la pseudo arte.

"Il mondo ha bisogno di bellezza – ha affermato don Cesare Angelini – per non oscurarsi nella disperazione. La bellezza come verità mette gioia nel cuore degli uomini; è il frutto prezioso che resiste all'usura del tempo, che unisce le generazioni e le congiunge nell'ammirazione". E noi siamo d' accordo!!!

Carlo Roberto Sciascia

L'autenticità dell'arte, considerazioni metafisiche (Carlo Chenis)

Il termine "autenticità" indica nozioni diverse facilmente equivocabili. Questa difficoltà si amplifica nell'applicazione del termine al campo dell'arte, così da generare anarchia critica e sgomento pubblico. Tale involuzione estetica è dovuta, soprattutto, alle debolezze e agli sfasamenti del pensiero moderno e post moderno.
Con le sperequazioni estetiche e storiografiche del 900, causate dagli epigoni di destra e sinistra hegeliana, sono emerse posizioni differenziate e riduttive in ordine al concetto di "autenticità". Esso va ridefinito nell'ambito teoretico e nell'assunto pratico, così da recuperare l'arte come "splendor formae" in senso metafisico, quale risultato di un' attività propriamente umana, conseguente alla dimensione spirituale.

L'arte è congiuntamente azione e opera, costituente un bene culturale, ovvero un evento qualificante la natura umana. Ne deriva che è subordinata

all'etica, pur nella sua autonomia. Anzi grazie a questa nobilita l'uomo, indirizzandolo a comportamenti morali capaci di condurlo alla pienezza di significato e perfezione di essere, onde avviarlo al raggiungimento della felicità che gli appartiene.
È perciò "fare" ordinato all' "agire" che procura gioia purificata. Questa da senso al percorso umano, così che l'azione è finalizzata e il fare è ordinato e da ciò scaturisce il concorso di *"recta ratio factibilium"*.
L'arte "autentica" è, dunque, trasformazione contingente in contesto valoriale, al fine di esternare la forza della spiritualità, oltre il soddisfacimento dei bisogni tanto fisici quanto psicologici. Non è impresa utilitaristica ma avventura liberale.

Fin dall'alba della storia l'uomo si da a lavori "inutili", non miranti, cioè ad utili materiali, annunciando, invece, utili spirituali. Dai graffiti cavernicoli alle piramidi egizie, dalle necropoli etrusche agli edifici cristiani, l'umanità ha cercato di trasformare le cose imprimendo in esse lo stupore derivato dalla contemplazione del mondo, dalla ricerca di senso, dall'intuizione del divino. Ha cercato di aggirarsi per mettere ordine, ovvero radunare le greggi, coltivare i campi, regolare l'alimentazione, costruire la *polis*, stabilire le consuetudini, raccontare la storia, indicare il divino. Lo dimostra il significato stesso dell'etimo "cultura" che sfora poi in quello di "culto". Pertanto, l'azione culturale è forza trasformativa che va dalla capacità di soddisfare gli istinti primari alla volontà di definire un *habitat* dimensionato. Compimento di quest'opera sono l'esperienza religiosa e la fruizione estetica. Questa si fa abitualmente veicolo di quella, poiché il bello è icona del sacro, separando l'operato dalla brutta contingenza, così da elevarlo a epifania del divino, icona dell'ineffabile. Se il percorso culturale arriva a sedimentare l'anelito religioso, l'esperienza estetica manifesta il parametro interiore.

Bello è "ciò che piace al vedersi", non per istanze soggettive, ma per splendore oggettivo. Esso desta meraviglia in chi ne coglie l'intrinseca evidenza. L'autentica bellezza non è, dunque, congettura di critici alleati a galleristi e controllati da politici, entrambi che manipolano il mercato piegando il gusto della gente. Neppure è riducibile al sentore artistico individuale, spiegato attraverso tanto cervellotiche quanto ermetiche considerazioni. Invece, l'autentica bellezza, genera immediatamente stupore nel fruitore, a cui si richiede la capacità di coglierne l'evidenza. Non è, infatti, sufficiente l'intrinseca evidenza dell'oggetto, occorre l'intrinseca certezza del soggetto. Questi è chiamato a superare l'ignoranza ad una determinata evidenza per via intenzionale. Il fine è il godimento di quanto l'individuo intuisce con l'intelligenza nel diletto dei sensi.
Ruolo del critico e di quanti operano non è, allora, quello di persuadere alla bellezza di un'opera,

bensì quello di educare a coglierne l'evidenza oggettiva.

Un'opera d'arte per sua natura è più evidente e maggiormente coinvolgente di una considerazione razionale, in quanto coniuga in un'unica esperienza sensi interni e razionalità discorsiva, così da assecondare la spiritualità della persona. Inoltre, la bellezza è lo sconfinamento metaforico del "limite", in quanto, da una parte, conferma le possibilità dell'invenzione umana nei processi trasformativi rilevabili sensibilmente, dall'altra, assicura il trascendimento dell'ineffabile generando emozioni interiori. Non è, dunque, un'evasione per delirio illusorio, ma per possibilità reale.
Ne consegue che unico teorema dell'arte è lo *"splendor formae"*, le cui proprietà si ascrivono nell'armonia trascendentale i cui effetti conducono alla catarsi spirituale. I canoni sono aspetti estrinseci, il cui ottemperamento guida alla bellezza, ma non genera la riuscita. Non per nulla il termine "accademico" riferito all'arte indica la diligenza canonistica a scapito dell'invenzione estetica.

L'autenticità dell'arte è nell'opera stessa relativamente alla misura in cui rileva la propria oggettiva riuscita, divenendo norma del proprio percorso, cioè ordine compiuto. Siffatta riuscita non deriva dal mero convincimento dell'artista o del committente, né dalla pressione mistificatoria del critico o del gallerista. La riuscita non è pedissequa illustra-

zione della natura, né eclettico ritorno all'antico. La riuscita, neppure, è riducibile a provocazione sensazionalista, né annovera i malsani eccitamenti dell'orribile.
Le condizioni della riuscita sono la creatività personale, la perizia tecnica, l'inserimento contestuale, l'originalità esecutiva. La creatività conduce ad una trasformazione sublimata della realtà contingente, così da carpire non tanto le forme determinate dalla *natura naturata*, quanto l'energia spirituale della *natura naturans*. La tecnica è prerequisito per inventare il modo di fare modellando artisticamente il sensibile, onde imprimere in esso lo splendore formale. Il contesto va valutato per l'inserimento dell'opera, che pur essendo metaforicamente evento assoluto è realmente accadimento contingente, per cui va relazionata all'habitat fatto di persone e cose. L'originalità evita la stravaganza sperimentale per offrire individualità progettuale, così da conferire all'opera la forza paradigmatica della perfezione umana.

Altresì, l'opera d'arte non è monumento dell'artista né encomiasmo del committente. L'orgoglio autoreferenziale e gli interessi propagandistici uccidono l'arte in quanto la privano dell'intrinseco valore liberale.
L'arte deve ritornare all'ordine, guardando al futuro senza copiare il passato. Quello è profezia, questo insegna, invece, il recupero della dimensione intrinseca e della continuità culturale. Ne deriva la

forza della tradizione come *iter* continuativo, le cui tappe precedenti generano nuovi sviluppi. I segnali dell'attuale depressione espressiva sono epigoni nichilisti e banali *remakes*. L'arte è forma e tradizione, poiché segna l'avventura dell'uomo nella contingenza, a confronto con le cose, con i simili, con il divino. In quanto "forma", essa è sostanza, è evento, è happening che trasforma il sensibile in modo disciplinato, imprimendo in esso un segnale di trascendimento spirituale. In quanto "tradizione", essa disegna la crescita di conoscenza e di appartenenza ad un determinato gruppo associato nella propria dimensione diacronica.

L'arte, come "soggetto facente" e "oggetto fatto", è, allora, "icona assoluta" che evidenzia il regime relazionale insito nella dimensione umana.
In quanto "soggetto facente", la relazione è con l'interiorità e con il contesto. L'"interiorità" è data dal crescere e comporsi delle conoscenze e ideali, dal mutamento e congiungimento delle emozioni e immaginazioni, dalla percezione e assimilazione delle esperienze e condizionamenti. Il "contesto" è dato dal sistema di flussi sociali, politici, economici, religiosi in cui vive l'artista, oltre che dal pregresso storico e dalla consapevolezza personale, generanti il sistema dinamico della cultura e lo sviluppo operativo dell'artista.
In quanto "oggetto fatto", la relazione è data dai molteplici aspetti sensibili che determinano ogni accadimento artistico, la cui unità è metaforica-

mente *"per se"* e realmente *"per accidens"*. Il *"per se"* di tale unità è ad immagine dell'"essere spirituale", di cui l'arte è simbolo paradigmatico ed educativo. Il *"per accidens"* è dovuto alla natura non animata dell'opera d'arte, così che la sua dimensione spirituale è messaggio e non sostanza. Vi è poi una relazione contestuale, poiché ogni evento artistico nobilita un habitat nel tempo e nello spazio, segnando singoli assoluti che in serie identificano il divenire culturale di una civiltà nella sua massima espressione. Ne deriva che un'opera configurata contestualmente è cancerogena e alienante e va, quindi, ripensata l'ideologia decadente che informa alcune strategie dell'attuale regime espositivo e incremento artistico.

L'arte, nella sua sostanza deve riprendere il nesso casuale con confidenza metafisica. La sua formatività è trasformazione di quanto già esiste. Occorre, pertanto, recuperare l'osservazione del reale, onde coglierne fondamenti intrinseci ed estrinseci, quali misura di ogni espressione. Non essendo invenzione *ex nihilo* e pur essendo dialogo ineffabile, deve scartare il senso d'onnipotenza e il rifiuto di spiritualità. A formare l'artista, formatore di opere belle, è, perciò, la natura nelle sue forme determinate, che si fanno cifra del divino, ed è la storia nelle sue forme libere, che si fanno scoperta del divino. Nel processo formativo dell'opera si dialettizzano percorsi interiori ed esteriori, mediazioni spirituali e prove pratiche. Mentre interiormente si focalizza l'esemplare, esteriormente si va configurando l'esempio, in un regime in cui intelletto speculativo e pratico sono necessariamente complementari. Dopo aver contemplato lo spettacolo reale e affinato la perizia tecnica, l'artista è maturo al concepimento di un'opera, la cui gestazione richiede il continuo concorso di esecuzione e contemplazione. Ogni resa artistica va ricontemplata per verificare la corrispondenza esemplare, così da divenire parte di un tutto che si va determinando fino al compimento della riuscita, cioè alla generazione. Con la generazione l'opera diventa pubblica nella sua evidenza di intrinseco splendore, riscontrabile da quanti ne hanno i requisiti. Il suo vissuto sarà subordinato alla peribilità dei materiali e alla temporalità delle *performance*, il suo effetto sarà garantito dai codici delle culture e dall'attenzione dei fruitori. L'evidenza "quoad se" dell'opera deve diventare evidenza "quoad omnes", attraverso la mediazione degli esperti che cogliendo l'evidenza "quoad sapientes", ne confermano l'intrinseca bellezza. Il loro ruolo si attua nel condurre il popolo a recepire il bello di un'opera, istruendo all'ascesi interiore e formando all'intuizione estetica. Socraticamente il critico deve generare alla criticità, cioè alla capacità di giudizio, che è l'adeguazione dell'intelligenza al reale.

L'arte, quale splendore di forma sostanziata, ha necessariamente un contenuto. Questo risplende a motivo della bellezza, così da essere maggiormente intellegibile e quindi godibile. Tale contenuto diventa messaggio che opera nei fruitori catarsi spirituale, ovvero comprensione del significato personale e attenzione alla dimensione spirituale. Nella sua liberalità, l'arte ha perciò una rilevanza educativa non strumentale. Nel suo attrarre sentimento ed intelletto, unifica il fruitore in un'esperienza totalizzante e perciò estatica. L'estasi si oppone all'alienazione. Questa provoca un uscire fuori dell'individuo di se stesso, smarrendo l'identità, quella un uscire da se stesso, ritrovandosi nel divino.

Supposta l'attuale crisi disorientante, occorre ritornare alla "crisis" orientante, superando le diatribe della modernità e post modernità, ovvero assumendole come grido d'allarme che obbliga al ritorno della forma e della tradizione in termini non "passatisti" e "sincretisti", ma "futuri" e "reali".
Allorquando il sofferto ed estasiante 900 sarà ricongiunto alle stagioni pregresse, l'arte del terzo millennio potrà riprendere nell'originalità l' originario.

Carlo Chenis

XVI

Verso una nuova rotta con la Nave Arcaista

Nel duemilaundici, quando pubblicai il libro "Il *Bello* ci salverà", scrissi che presto l'Umanità si sarebbe trovata davanti a un bivio: una strada in discesa col fondo levigato e, l'altra, uno sconnesso sentiero in salita.
Dissi che quelle due strade rappresentavano il nostro futuro. Ebbene, quel futuro è ora.
Una delle due strade conduce in fondo a un baratro senza ritorno, l'altra verso una nuova consapevolezza culturale e spirituale.

Tutti oggi propendono per la strada più agibile, in discesa e levigata, senza curarsi di dove essa conduca, poiché ammaliati dalle sue innumerevoli effimere opportunità.
Ora immaginiamo uno scoiattolo che corra spensierato lungo il sentiero in salita e un bimbo che, attratto dal fascino dell'animale e dalla sua gioiosi-

tà, istintivamente vorrebbe seguirlo. Quel bimbo è la parte trascurata del nostro animo ancora congiunta alla Natura. Il nostro istinto salvifico che emerge a indicarci la via giusta.

Se l'Umanità seguisse l'istinto atavico ancora in sé, non ancora circuito dalle diaboliche tentazioni del consumismo e dell'agiatezza, senz'altro non cadrebbe nel dirupo in fondo alla strada in discesa, levigata e perciò senza appigli, in caso di pentimento, per tornare indietro.
Se attivasse la ragione dopo aver ascoltato il cuore, guarderebbe l'orizzonte prima di scegliere la strada dove incamminarsi.

Sul sentiero in salita c'è tutto un mondo da esplorare con attenzione e riguardo, perché l' Umanesimo non è una meta, ma è nella contemplazione e nel rispetto di tutte le meraviglie riscontrabili lungo il viaggio. Nella loro dimensione divina e nei benefici spirituali ricavabili conseguentemente.
Ciò non implica che questo concetto debba essere valido solo per chi crede nell'esistenza trascendentale di Dio, ma anche per chi semplicemente riconosce la Natura in qualità di Madre Suprema immanente, senza la quale non esisteremmo.

Una nuova consapevolezza spirituale consentirebbe dunque un nuovo Umanesimo, ma noi cosa potremmo fare affinché questo avvenga? Come imparare ad amare il mondo, il nostro prossimo e principalmente noi stessi?

Molti di questi problemi nascono dal senso di competizione inculcatoci incautamente in famiglia, a scuola, nello sport e altro fin dai primi insegnamenti ricevuti, il quale riduce drasticamente quello altruistico e rende tutti rivali.
La competizione, però, è parte essenziale e indissolubile di ogni essere vivente fin dall'atto del proprio concepimento.
Senza competizione non c'è stimolo, senza stimolo non c'è desiderio e senza desiderio non c'è passione per la vita e tantomeno evoluzione.
Ma allora la rivalità è un male incurabile? No, a patto che la medicina sia tanta sana lealtà, comprensione e rispetto della dignità altrui.
Queste virtù curative sono talmente importanti che in famiglia andrebbero insegnate insieme alla parola e nelle scuole come materia a sé.
Ad ogni modo, come i problemi sono in noi, anche le soluzioni lo sono. Questo il primo fattore da considerare.

Se l'Umanità attivasse la ragione dopo aver ascoltato il cuore, guarderebbe l'orizzonte prima di scegliere la strada dove incamminarsi.

XVII

L'energia universale al servizio degli arcaisti

La stragrande maggioranza degli esseri umani è convinta di non avere alcun potere per frenare il degrado culturale e sociale ormai imperante. Di conseguenza, non provando neppure a opporsi, ne diviene complice fino a tradire la propria etica, morale e dignità.

Eppure la Natura ci ha dato, più che a qualsiasi altra specie vivente, un intelletto dalle sorprendenti qualità: non solo la ragione che, lo volessimo, permetterebbe di scegliere effettivamente il meglio per noi e il nostro pianeta, ma, principalmente, la possibilità di scoprire i segreti più intimi del mondo immanente e, attraverso di essi, immaginare un'esistenza consequenziale alle loro peculiarità e potenzialità.

La Scienza, da Galileo Galilei ad oggi, ha fatto passi da gigante, ogni passo supportato da prove ineccepibili.
Si è passati dalla scoperta delle leggi della forza gravitazionale, rilevate con l'impiego di materiali "volgari" (pietra e spago per costruire il primo pendolo), alle attuali *teorie dei Quanti*, frutto di attenti studi della più rigorosa logica matematica.
Queste teorie sostengono che nell'immanente tutto quello che esiste è costituito di materia; non solo ciò che è solido come la pietra o liquido come l'acqua, ma anche l'invisibile come l'aria che respiriamo e, come già detto, l'imperscrutabile come il nostro pensiero il quale, essendo composto di particelle energetiche infinitesimali, e queste a loro volta di una propria massa, per quanto assurdo potrà sembrare, non può prescindere dalle leggi assolute dell'attrazione gravitazionale.
Ciò spiegherebbe perché accade che un solo uomo incanti milioni di persone pur dichiarando propositi poco raccomandabili e persino dittatoriali.

Dunque la mente umana funzionerebbe come una ricetrasmittente e i suoi pensieri sarebbero in grado di connettersi con quelli di miliardi di altre persone che, in un determinato momento storico, percepiscono le stesse problematiche e le stesse necessità di soluzione.
La somma energetica di questi pensieri, se l'Umanità imparasse a gestirla e a tramutarla in vo-

lontà comune, costituirebbe una potenza tale da influenzare verso il bene (Bellezza) qualsiasi evento.

In questi ultimi decenni, in tutto il mondo, sono stati pubblicati testi scientifici sulla "Teoria dei Quanti" e romanzi a sfondo spirituale come "Le profezie di Celestino" e "La decima illuminazione" di James Redfield o "Il simbolo perduto" di Dan Brown. Tutti d'accordo sull'esistenza di un'energia mentale di cui siamo in possesso e con la quale potremmo indirizzare positivamente il futuro, come d'altronde già insegnato da religioni millenarie come l'Induismo e il Buddismo.

Personalmente ho dedicato più di dieci anni della mia esistenza alla realizzazione del romanzo "Il Sommo ENIGMA", dove propongo le risposte alle domande: Chi siamo? Da dove veniamo? Dove andiamo? Qual è il nostro scopo? Soluzioni che attraverso un'universale consapevolezza e l'energia del pensiero, condurrebbero l'Umanità verso quell'esistenza nobile da sempre agognata.

Gandhi sosteneva che un solo uomo può cambiare il destino dell'Umanità. Immaginiamo tutti insieme, aggiungo io.

XVIII

La strada maestra

La teoria del Big Bang è data dal sapere scientifico che l'Universo è in continuo ampliamento e, per quanto immenso sia ora, avrebbe avuto origine circa tredici miliardi di anni fa da qualcosa di incredibilmente minuscolo: una scintilla esplosa ed espansa nel nulla a velocità inimmaginabile, partendo presumibilmente dalle dimensioni di una biglia.
Questo avrebbe generato anche il tempo, così come lo conosciamo, in conseguenza della legge di espansione ed evoluzione dell'Universo, che lo determina svolgendolo esclusivamente in avanti.
C'è chi sostiene che il tempo potrebbe fermarsi e persino tornare indietro solo nel caso l'Universo arresti la sua espansione e poi, come un polmone che ispira ed espira, tornasse a contrarsi verso la propria involuzione. Eventualità che comunque, considerato che l'Universo è attualmente ritenuto a

metà della propria esistenza, non potrebbe accadere prima di altri tredici quattordici miliardi di anni.

Se dunque *Espansione* ed *Evoluzione* dell' Universo, per effetto di sempre nuovi sviluppi fisici e materiali che vi avvengono, sono equiparabili alla *Creazione*, risulta palese che l'*Involuzione*, cioè la regressione dell'Universo verso il nulla originario, non può che essere equiparabile al suo annientamento e quindi alla *Distruzione*.
Detto questo, la chiave per comprendere la strada che l'Umanità dovrebbe seguire è incredibilmente da sempre davanti ai suoi occhi, ed è nelle meraviglie del creato e cioè: nella *Creazione*.
Venendo al dunque, quando l'uomo *crea* secondo i canoni originari d'arte insiti nella Natura, **V**alori **P**rimordiali **N**aturali, cioè Pittura, Scultura, Musica e Poesia, ed è così dedito alla propria cura spirituale, è già in viaggio sulla strada maestra.

A questo punto, però, nell'idea umana di "creatività", subentra sia l'aspetto concettuale che quello dell'inventiva, dove quest'ultimo prevede anche uno scopo utilitario che tutt'al più, come già esposto in questo libro, può essere definito "a regola d'arte" o "artigianato".
È in questi particolari casi che si commette il grave errore di accomunare qualsiasi inventiva umana alla creatività artistica. Difatti le invenzioni possono essere sia buone che cattive; costruttive e distruttive

(un bisturi in mano ad un chirurgo può salvare una vita, in mano a un delinquente può toglierla).

Finché l'Universo sarà in *Espansione* ed *Evoluzione* e tutto, compreso il Tempo, sarà regolato da esse e di conseguenza dalla *Creazione*, l'unico concetto valido di Arte sarà quello spirituale datoci dalla contemplazione di tutte le meraviglie percepibili nell'immanente attraverso i nostri sensi.

L'Arte, essendo figlia della Creazione, può essere solo costruttiva, chi non accetta questo assioma e si dedica all'opposto, non fa Arte.

IXX

Idea e metodo

Siamo in un particolare momento storico in cui una rivalutazione e tutela dell'etica e della moralità umana appare assolutamente necessaria oltreché urgente, ma data l'inconsistenza di metodi e mezzi adatti allo scopo, di volonterosi impegnati in questa missione ve ne sono ancora troppo pochi.
Noi artisti allora, avendo ricevuto il dono della sensibilità creativa, e con essa spesso anche quello della lungimiranza, dobbiamo contrapporci a coloro che, privati del potere del discernimento e frastornati, si dirigono come automi verso il baratro.
Dobbiamo agire in qualità di risveglio spirituale (proprio come lo scoiattolo che affascinando il bambino lo induce a seguirlo), sapendo che il nostro maggiore punto di forza sarà la volontà (energia propositiva del pensiero + energia della determinazione).

La forza di volontà sarà dunque il nostro primo alleato, specialmente quando l'ignoranza e l' irriverenza altrui faranno di tutto per umiliarci e fermarci. A riguardo, la seguente storiella ne è un perfetto esempio:

Una popolazione di rane aveva indetto una gara per misurare il proprio valore nella scala gerarchica animale: le concorrenti avrebbero dovuto scalare una montagna altissima.
L'impresa appariva talmente assurda e impossibile per delle così modeste creature, che ai lati del percorso una folla di rane spettatrici iniziò a deriderle con frasi tipo: ma chi ve lo fa fare, chi vi credete di essere, siete ridicole, tornate a casa.
Alcune, scoraggiate, neppure partirono. Altre si fermarono poco dopo. Altre ancora giunsero a percorrere i primi metri di salita e poi tornarono indietro.
Soltanto una, saltello dopo saltello, incurante delle ripetute fragranti risate alle sue spalle, riuscì nello stupore generale a raggiungere la cima della montagna. Quando poi al suo ritorno le chiesero come ci fosse riuscita, lei non rispose. Era sorda.

La storiella dimostra quanto il pessimismo altrui (energia negativa del pensiero), se ascoltato, possa minare le certezze delle persone e provocarne gli insuccessi.

Ma seppure la volontà sia determinante, da sola non basta. Saranno necessari ulteriori alleati, individuabili negli strumenti divulgativi, non tanto dell'idea di recupero e rivalutazione dei reali valori umani, essendo già essa assai comune per mezzo della trasmissibilità del pensiero, ma dei piani e dei progetti con i quali tale idea potrà essere attuata.

Del resto, pur essendo risaputo che il degrado culturale è conseguenza del consumismo e che questo sfrutta strumenti mediatici di massa quali stampa, reti televisive, internet ed altro, oggi non v'è altra scelta che servirsi degli stessi strumenti per fermarlo e invertire la rotta. Perché, d'altra parte, televisione, internet e tecnologia in genere, non sono strumenti malvagi, ma solo strumenti. È l'uomo, con il loro impiego, a determinarne negatività o positività.

Energia propositiva del pensiero + Energia della determinazione = Volontà

Volontà + Mezzi divulgativi del messaggio Arcaista = Successo

XX

In rotta con la Nave Arcaista verso un Nuovo Rinascimento

È desiderando Bellezza che potremmo riceverne e poi riproporla attuando uno scambio reciproco e duraturo tra esseri umani. E seppure fare arte secondo l'originario criterio consenta, anche inconsciamente, di trasmettere proprio tale messaggio, adesso dovremo farci assolutamente consapevoli che solo attraverso una sensibilizzazione globale sarà possibile riportare l'Umanità a guardare affascinata il sentiero in salita, anziché la strada in discesa verso il baratro.
Per questi motivi ci si augura che la Nave Arcaista, della quale abbiamo fin qui esposto i propositi, possa accogliere lungo il viaggio quante più anime creative e condurle in tutti i porti del mondo a mostrare il proprio altruistico esempio.
Un equipaggio di veri uomini d'onore, forte del Manifesto del Nuovo Movimento Arcaista.

Nel mese di giugno del 2006, da un'idea di Massimo Stefani, nasce il Movimento Arcaista.
Nel mese di gennaio del 2020, il fondatore rilancia il movimento con la dicitura: Nuovo Movimento Arcaista.

MANIFESTO DEL NUOVO MOVIMENTO ARCAISTA
(Per il recupero dei valori originari dell'Arte nell'espressione culturale artistica moderna)

IDEALISMO CREATIVO

Il creativo Arcaista si prefigge il compito di proporre, in chiave moderna e alternativa, l'originaria idea di Arte appresa dall'Uomo all'alba del proprio intelletto dalle manifestazioni della Natura. Cioè dalla loro intrinseca bellezza che gli ha ispirato:

1) la pittura, attraverso la varietà dei colori.

2) la scultura, attraverso la materia modellata dal vento, dall'acqua, dal fuoco e dal tempo.

3) la poesia, attraverso la contemplazione del Creato.

4) la musica, attraverso la moltitudine dei suoni.

Espressioni, queste, a loro volta ispiratrici di tante altre.

In quest'epoca dissacrante del terzo millennio, dove le mode e il consumismo plagiano l'Uomo spingendolo ad abbandonare le tradizioni e a vivere un'esistenza frenetica, ulteriormente gravata dal desiderio sempre più ossessivo di novità, il creativo Arcaista trova un rimedio a tutto ciò, ma in particolare al consequenziale vertiginoso aumento della provocazione e dell'esasperazione concettuale in arte, entrando in una dimensione nella quale passato e presente si fondono con l'intento di contribuire a creare le basi per un futuro migliore, non solo estetico e culturale.
A riguardo, si riconosce appieno nelle parole del poeta Ugo Foscolo: *l'Arte non consiste nel rappresentare cose nuove, bensì nel rappresentare con novità.*

Secondo questa logica, messa al servizio della propria cultura, delle tecniche e dello stile personale, egli si accinge a produrre creazioni considerabili legittimamente *Arte Contemporanea* e che, se stimate e condivise davvero per merito e qualità, restituirebbero finalmente all'arte la propria imprescindibile bellezza, ormai in via d'estinzione nei maggiori vernissage, e contribuirebbero a rendere all'Uomo la dignità.

Le creazioni Arcaiste perciò, nel contesto *Arte Contemporanea*, devono distinguersi, oltre che per il recupero dell'originaria idea di arte e l'alta qualità, per l'armonia tra estetismo, espressività, emotività e il proprio concetto che, come diceva Leonardo Da Vinci: *Lo bravo pittore dipinge sempre l'omo e lo concetto suo*, in giusta misura non deve mai mancare.

L'OPERA D'ARTE ARCAISTA

Seppure ARCAICO significhi ANTICO, il Movimento Arcaista, al contrario, si riconosce in tutte le forme ed espressioni creative evolutesi rispettando l'idea originaria di arte ed accogliendole in sé.

Una creazione può essere considerata Arcaista, quando, attraverso l'idea di bellezza trasmessa prima dalla Natura e poi dalle tradizioni, si è giunti ad un'opera contemporanea altamente emotiva, eseguita in pittura, scultura, poesia e musica, più le rispettive forme d'arte derivate, tutto con immagini e stili personalizzati, per temi di ogni genere e tempo, originali e irripetibili. Opere puramente concettuali o provocatorie, purtroppo oggi molto in auge, non possono essere considerate Arcaiste, piuttosto il degrado dell'uomo e dell'arte, e sono il motivo principale della nascita di questo movimento, teso a contrastarne il dominio.

Non esiste limite all'impiego di mezzi (quindi anche tecnologici), tecniche, metodi, idee e temi per realizzare un'opera Arcaista. L'importante è il risultato finale, che deve produrre emozione e ingenerare all'Umanità la percezione di *Bellezza* di cui oggi ha estremo bisogno.

FINALITÀ

È indispensabile il recupero dell'idea originaria di Arte dalle manifestazioni della Natura e dal millenario patrimonio artistico mondiale, per tornare a percepirne *Bellezza* e, con essa, nutrire l'Uomo. Di conseguenza il Movimento Arcaista approva ogni corrente artistica non puramente concettuale o provocatoria e si avvale, per condurre il proprio messaggio di porto in porto, di un ulteriore significato insito nella parola Arcaista, intesa come Arca dove accogliere e riunire simbolicamente ogni creativo e non che si ritrovi nei suoi ideali e sceglievi un'elite che funga da esempio. Tale selezione di artisti, in rispetto dei nobili propositi esposti, potrà avvenire esclusivamente in merito alle loro qualità umane ed espressive.

XXI

Porti d'approdo ed intenti creativi

I porti d'approdo della Nave Arcaista sono gli eventi che in nome del suo Manifesto e del consequenziale Movimento si intendono realizzare ovunque, partendo dalla patria della cultura, l'Italia, precisamente da Tarquinia, antica capitale degli etruschi, popolo che attraverso l'espansione di Roma già in passato contribuì a civilizzare il mondo occidentale (Roma nacque come colonia etrusca e ampi meriti del suo sviluppo vanno proprio a Tarquinia, all'epoca Tarkna, la quale non a caso le diede due dei suoi primi Re, Tarquinio Prisco e Tarquinio il Superbo).
È chiaro, come già spiegato in precedenza, che tali eventi, per poter effettivamente promuovere Bellezza, non possono che basarsi su una reale selezione qualitativa di artisti. E per far questo, il Movimento si impegna a scegliere sempre davvero i migliori (non solo creativamente parlando, ma an-

che moralmente), non chiedendo loro alcun contributo economico espositivo (anzi aiutandoli a trarne profitto), cercando finanziamenti altrove e cioè presso enti pubblici e privati.

Gli intenti creativi, invece, sono le opere il cui standard rispecchi gli ideali del Manifesto Arcaista. In particolare quelle opere che d'ora in avanti i suoi estimatori dovranno iniziare a creare, ognuno attraverso il proprio genere artistico, stile e fantasia, per contribuire a divulgarne il messaggio e attraverso le quali, come già accaduto con l'Impressionismo, l'Espressionismo, il Futurismo ecc, storicizzare il movimento e se stessi.

A riguardo ho trovato opportuno riproporre in questo nuovo testo la prefazione di Vittorio Sgarbi ad un mio precedente libro "Il Teorema dell'Arte", edito da Giorgio Mondadori nel 2009, dove il professore spiega le motivazioni e i rischi del "movimentismo", per poi dichiararsi stupito e ammirato del Movimento Arcaista, sempreché questo si esprima anche attraverso le opere e non solo in teoria. E noi abbiamo accettato la sfida.

Arcaisti: dal locale all'universale, Tarquinia centro del mondo (Vittorio Sgarbi)

C'è stato un momento, non breve, in cui il *movimentismo*, l'attività con la quale un certo gruppo di artisti, spesso con il coinvolgimento diretto di critici militanti, si riconosceva in un certo modo di proporre l'arte, il più delle volte espresso attraverso un "manifesto", è stato il canale privilegiato attraverso il quale proporre il nuovo. Si è pensato, addirittura, che la storia dell'arte moderna fosse diventata una successione continua di movimenti, l'Avanguardia, in una corsa ideale, sempre più estrema, verso i limiti ancora inesplorati del nuovo. Fino a quando, negli anni sessanta del Novecento, il mercato non ha *mercificato* il movimentismo avanguardista, definitivamente. Evidenziando che la vocazione del nuovo per il nuovo del movimentismo era la stessa che contraddistingueva il consumismo moderno, le mode, da cui, contraddittoriamente, quello stesso movimentismo voleva prendere le distanze.

Così, il movimento è diventato un'etichetta di mercato, un *brand*. Con la Transavanguardia, il movimento, per la prima volta, si mette a totale disposizione del commercio: è creato a tavolino, riciclando il vecchio, attraverso fumisterie critiche sempre più vacue e pretestuose, per rispondere alle esigenze di mercanti e collezionisti che, dopo l'esaurimento della Pop Art e dell'Arte Povera, non riuscivano più a intravedere niente di nuovo dell'espressività creativa. Ecco perché la Transavanguardia è stata anche la pietra tombale del movimentismo, almeno nel senso storico, "eroico", così come di una certa critica, realmente autonoma, non al servizio del sistema mercantile.

Tutto ciò che, dopo la Transavanguardia, si è costituito come movimento artistico e critica militante, ha fatto subito sospettare, in modo spietato, forse, ma comprensibile, di operazione commerciale.
Anch'io, lo ammetto, non sono immune da quel genere di sospetti. Riconosco, naturalmente, l'importanza imprescindibile del movimentismo nelle vicende dell'arte internazionale fra il 1850 e il 1980, come fenomeno culturale prima ancora che espressivo, con il quale gli artisti rivendicano un ruolo intellettuale, di elaborazione teorica rispetto a ciò che fanno, che in gran parte era loro negato, prima dell'Ottocento, salvo casi di eccezionale grandezza individuale.

Riconosco, anche, che, da un certo momento in poi, la voglia crescente di intellettualità degli artisti moderni, molla fondamentale del movimentismo, abbia portato a far prevalere l'elemento teorico su quello espressivo, e la critica sull'arte vera e propria. I risultati, di questa progressiva degenerazione, sono oggi sotto gli occhi di tutti.
Io, che pure sono un critico, autolesionista, evidentemente, preferisco ancora l'Arte. Mi piacciono gli artisti che pensano, ma, più ancora, quelli che sanno fare. Talvolta, ce ne sono alcuni che non pensano troppo, ma fanno, ugualmente, benissimo. Altri, invece, sembrano rifugiarsi nel pensiero, non sempre con capacità adeguate, forse per far dimenticare l'esilità delle loro opere.

È una scappatoia; in linea di massima concordo con Nietzsche, quando sosteneva che se ci sono le opere, gli artisti è bene che tacciano. Nietzsche, come si sa, adorava l'arte, ma aveva certi convincimenti sulla caratura intellettuale degli artisti, quelli che il movimentismo cercherà d'infrangere. In realtà, quello che a Nietzsche interessava far capire è che lo scopo dell'arte non è la verità, né la produzione d'intelligenza. Sono altre discipline, con altri metodi, sperimentati, a perseguire quegli obbiettivi. All'arte compete l'espressione, la poesia, quando l'espressione perviene alle sue forme più alte, che non hanno la necessità di affermare cose vere o intelligenti. Artisticamente, si possono fare opere sublimi esprimendo visioni del mondo inattendibili, smentibili dalla scienza, perfino *stupide*. Perché, in arte, non è importante la sostanza del discorso, ossia ciò che c'è oltre il solo linguaggio, ma il modo in cui il linguaggio la esprime. Altrimenti, la teoria della relatività di Einstein sarebbe una delle più grandi opere d'arte mai fatte.
Proprio per tutte queste ragioni, però, guardo con stupore e ammirazione al coraggio, anche se fosse dettato da sana incoscienza, con cui alcuni artisti di diversa provenienza, anche geografica, hanno promosso, con sede nell'etrusca Tarquinia, un nuovo movimento, l'Arcaismo, infischiandosene di considerazioni come quelle fatte in precedenza, che avrebbero potuto dissuaderli dall'affrontare un compito – il ripristino di credibilità del movimenti-

smo, nella sua funzione storica – non certo semplice da assolvere.

Come ogni movimento che si rispetti, nel segno di una consolidata tradizione, anche gli Arcaisti si riconoscono attorno a un manifesto, redatto da Massimo Stefani, *leader* storico del gruppo, al quale, nel frattempo, si sono aggiunti nuovi adepti.

È già, da solo, motivo di una certa sorpresa e di interesse. Perché si tratta di un manifesto d'altri tempi, certamente influenzato dall'esempio del Futurismo, come se da allora poco fosse cambiato, anche se la proposta estetica degli Arcaisti è totalmente diversa da quella, anzi, per molti versi, antitetica ad essa, proponendo il recupero di istanze che Marinetti e compagni avrebbero *bollato* come "passatismo". Nel Futurismo, vi era ancora una concezione esaltata della modernità, da Paese emergente, che coincideva col concetto del progresso tecnologico e intellettuale, totale, senza condizioni, capace di superare i tradizionali steccati dell'arte e a invadere ogni ambito del quotidiano (*la ricostruzione dell'Universo*, come la chiamavano, già nel 1915, Balla e Depero), facendo *tabula rasa* di tutto ciò che era successo prima.
Gli Arcaisti, venuti un secolo dopo in un paese ormai ampiamente emerso, e non nel modo più soddisfacente, sono più disincantati, *rappelés à l'odre*. Non rinnegano la modernità, visto che con-

cepiscono l'evoluzione, ma non la mitizzano di certo, conoscendo bene il limite del progresso.
Al contrario dei Futuristi, osteggiano l'applicazione indiscriminata dell'arte nel quotidiano, rivalutando la nobiltà delle discipline accademiche. Sostengono la necessità del legame con il passato, in una chiave antropologica, prima ancora che estetica, mettendo in primo piano le tradizioni materiali, a riscoprire l'antico legame umanistico con la Natura, tipico della civiltà mediterranea, già in epoca antecedente il trionfo della cultura greco-romana. Imprevedibile la chiosa etimologica, proposta da Stefani, del termine *Arcaista*, letto anche nel senso di "arca", mezzo antico di trasporto che collega, simbolicamente, artisticamente, direi, l'antico all'attuale. Se i Futuristi odiavano il locale (salvo, poi, ritrovarsi ad avere a che fare con un notevole numero di varianti regionali, quando il fascismo li sterilizza e l'iconoclasta Marinetti diventa accademico d'Italia), gli Arcaisti non lo disprezzano affatto, come nel caso, innanzitutto, di Tarquinia, depositaria di antichi valori universali che possono essere validi anche nell'epoca della modernità più sfrenata, e ovunque.
Ci si esprime con la stessa perentorietà, profetica, apodittica, da alchimisti in cerca della pietra filosofale, della prima Avanguardia, quando ci si confrontava con il Dio supremo dell'arte, non con i comuni mortali, e i testi sembravano più adatti ad essere recitati (Marinetti *docet*), invece che a essere razionalmente esposti. Significativo, da questo pun-

to di vista, il finale enfatico, una declamazione solenne, davvero marinettiana, o dannunziana, se si vuole, da volantino buttato da un biplano, del Manifesto:

Finché in Arte ci sarà un'evoluzione collegata alle tradizioni, ci sarà Arcaismo!
Finché ci sarà Arcaismo, sopravvivranno i valori umani e l'Arte non morirà!
Finché l'Arte vivrà, l'Uomo avrà una speranza!

In questo spirito prevalentemente letterario, quando non teatrale, dovremmo interpretare tutto il manifesto, anche sulla base delle premesse esposte nella prima parte di questo testo, e in ciò, la coerenza del concetto di Arcaismo, così come normalmente lo intendiamo ("forma derivata dal passato"), può essere ritenuta ineccepibile. È chiaro, cioè, che, malgrado le apparenze (Il Teorema dell'Arte), il manifesto degli Arcaisti non ha la presunzione di proporre alcuna formula che voglia essere realmente alternativa a quelle elaborate non solo dalla filosofia estetica, ma, più ancora, dalle discipline che studiano dal di dentro i linguaggi artistici, storia dell'arte compresa. Quello che conta, nel manifesto, è il valore giustificativo che ha nei confronti di chi lo firma e lo adotta, gli unici che da esso devono essere convinti.
A loro, fornisce una piattaforma concettuale, nella suggestione più efficace ancora che nell'impianto ideologico, da adottare come riferimento comune,

in modo da poter sostenere un'omogenea visione dell'arte, pur nelle diversità delle eccezioni che ciascun artista può presentare di quella visione, sovrapponendo l'individuale al collettivo.
Sono le opere quelle con cui chi il manifesto non ha firmato deve confrontarsi. Nessun manifesto, per quanto mirabolante, per quanto letterariamente suggestivo, avrebbe potuto giustificare, da solo, il Futurismo, se non ci fossero state le opere, *nietzschianamente*, a renderlo meritevole di considerazione, a dare concretezza di proposta ai suoi toni estremisti, iconoclasti, intenzionalmente provocatori, ma anche velleitari, se non supportati da adeguata espressione artistica. Sono le opere a nobilitare il manifesto, non viceversa; in tal caso, è un documento programmatico che serve a capire le loro ragioni fondanti, i loro punti di partenza, condivisibili o meno, ben sapendo, però, che il piano linguistico, di pertinenza degli artisti, non coincide mai con quello metalinguistico, di pertinenza del critico e del teorico.
I seguaci del Movimento Arcaista devono saperlo benissimo, ed è con le opere, sicuramente, nell'unità e nella differenza dei singoli contributi, che intendono giocarsi le loro carte migliori.
Attendiamo al tavolo con curiosità e impazienza.

Vittorio Sgarbi

XXII

L'Equipaggio Arcaista e la sua missione

All'atto in cui sto scrivendo quest'ultimo capitolo de "La Nave Arcaista", siamo nel mese di febbraio dell'anno 2021, iniziato, come il precedente, all'insegna del Covid-19, virus che ha creato e continua a creare infinito sgomento, paura e a mietere vittime in tutto il mondo. Ma questo è solo uno dei tanti segnali che ultimamente si susseguono e inducono a pensare che qualcosa di sconvolgente e irreversibile stia accadendo.

Senz'altro l'Umanità sta vivendo un momento cruciale della propria storia. Molti sostengono, ed io tra questi, che sia il più determinante e decisivo di sempre, quello della metamorfosi in qualcosa di straordinariamente elevato o della perdita definitiva del senso nobile della propria definizione, che dunque sperava o temeva prima o poi arrivasse.

Il Covid-19 è forse il modo che la Natura ha scelto per ammonirci e poi magari indicarci la via, oppure è il mezzo, creato in laboratorio, che i maggiori detentori del potere mondiale hanno scelto per defraudarci fino all'ultimo del bene più prezioso: la libertà.

La libertà, in particolare quella mentale e quindi senza condizionamenti, è ciò che più di ogni altra cosa permette di scegliere il meglio per la nostra vita: la Bellezza.

L'ambiente in cui oggi vive gran parte dell'Umanità è considerabile carente di Bellezza in tutti i sensi.
Le metropoli con palazzi simili ad alveari, il frastuono del traffico, lo smog delle auto e il cibo spazzatura consumato in fretta per compensare orari di lavoro sempre più snervanti, sono l'esempio dello squallore visivo, uditivo, olfattivo e gustativo nel quale siamo immersi e di cui assorbiamo incessantemente la malsana essenza.
Il quinto e ultimo senso razionale, quello del tatto, preposto non solo alla percezione sostanziale delle cose, ma specialmente a stimolare emozioni attraverso le relazioni fisiche e a consentire lo scambio di energia rigeneratrice, era l'unico a permetterci ancora di fregiarci della definizione "essere umano". Ebbene, il Covid-19 ci ha tolto anche quello. O meglio, ce lo hanno tolto coloro che, attuando precise strategie sanitarie (secondo molti più pericolose del virus e alquanto dubbie sul loro reale

scopo), hanno imposto il distanziamento tra le persone.
Non sarà facile scoprire come stanno davvero le cose, ma ora questo è irrilevante. Importante sarà invece riassumere come ci si è arrivati e farci un'idea di come gli artisti possano contribuire affinché avvenga la metamorfosi dell'uomo nell'auspicato essere vivente straordinariamente elevato, anziché l'altra spaventosa opzione.

L'Umanità ha impiegato circa cinquantamila anni per giungere, alla fine del diciannovesimo secolo, a contare un miliardo di persone. Poi ne ha impiegati poco più di cento per arrivare, oggi, a contarne sette miliardi.
È chiaro che, seppure il nostro pianeta, per risorse e spazio, potrebbe ospitare e nutrire comodamente anche il doppio dell'Umanità attuale (questo almeno è quanto sostengono molti scienziati), ciò sarebbe fattibile solo nel caso in cui essa diventasse improvvisamente innocua nei confronti della Natura. Inoltre il pianeta dovrebbe comunque fare presto i conti con una popolazione umana ben superiore al doppio, in quanto, trovandoci nell'era della crescita demografica esponenziale, si prevede che potremmo arrivare a quattordici miliardi di persone già tra soli trent'anni.
Detto questo, sarà essenziale chiedersi perché, a differenza delle altre specie viventi della Terra, l'Uomo sia l'unica specie più distruttiva che utile.

L'Uomo, attraverso la scienza, ha scoperto che ogni specie vivente della Terra, miliardi tra animali, pesci, piante, insetti, batteri, ha uno scopo biologico al servizio della Natura e dell'ecosistema. Cioè ha compreso lo scopo biologico di ogni specie vivente, tranne il suo. E se non ha ancora scoperto il proprio scopo, ovviamente non può neppure averlo mai messo in atto. Sarà dunque per questo che è da sempre l'unica specie vivente più distruttiva che utile? Per logica, la risposta è assolutamente sì.

Le specie viventi evolvono sempre in relazione con l'habitat di appartenenza e le necessità della Natura.
Ogni dono della Natura alle specie viventi, nessuno escluso, gli è concesso affinché lo impieghino al servizio del rispettivo scopo biologico. L'intelletto sarebbe dunque il dono con cui l'Uomo dovrebbe attivarsi per compiere il proprio. Ma quale e come esattamente?
A riguardo, in un capitolo precedente, ho affermato d'aver scritto un libro che tratta proprio tali argomenti: Il Sommo ENIGMA, un romanzo pubblicato da "Pedrazzi Editore" e distribuito online da "Amazon", ispiratomi dalle esclusive scoperte di uno scienziato, il quale sostiene di conoscere le risposte ai quesiti: Chi siamo? Da dove veniamo? Dove andiamo? Tutti coincidenti con quest' ultimo: Qual è il nostro scopo?

Questo per dire che oggi l'Umanità ha un solo modo per evolvere in positivo, anziché continuare a produrre squallore, a commiserarsi e persino a disprezzarsi. E tale modo è mettersi alla ricerca del proprio scopo biologico, trovarlo e attuarlo.

Ogni epoca ha la sua arte. Ma, più precisamente, io credo che ogni epoca abbia l'arte che meriti. Il Novecento, trascorso all'insegna della ricerca ossessiva di novità, ha prodotto un'infinità di esperimenti fatti passare per arte e, dunque, anche innumerevoli insensatezze, volgarità, oscenità e persino orrori.
Questo nuovo millennio, iniziato con l'impellente necessità di metterci tutti alla ricerca dello scopo biologico dell'Uomo, non può non tornare a proporre il reale e unico concetto di Bellezza, insito, fin dall'inizio dei tempi, nelle manifestazioni dell'Universo e della Natura.

Gli uomini potranno evolvere in esseri nobili e superiori, ma per farlo occorrerà che essi stessi, almeno quelli ancora in possesso di elevata sensibilità e immaginazione, nel nostro caso gli artisti, si attivino nell'intento di diffondere emozioni sempre più profonde e, al tempo stesso, in quanto testimoni delle singolarità della propria epoca (tra cui le necessità), si sforzino di indagare, osservando l'operosità delle specie viventi, ma anche usufruendo delle rivelazioni de "Il Sommo ENIGMA", su quale possa essere lo scopo biologico dell'Umanità e poi, giunti alla preziosissima consapevolezza, la divulghino attraverso le proprie opere, ognuno con il proprio genere creativo e stile.

Tali opere, insieme a quelle che esprimono anche soltanto l'idea di Bellezza, saranno gli esempi che il Movimento intende promuovere ovunque per stimolare la nascita di un nuovo Rinascimento.

A riguardo, la Nave Arcaista, intesa anche come Arca salvifica, è il metaforico e al tempo stesso concreto vascello in partenza verso tutti gli approdi del mondo e, in quanto tale, non potrà viaggiare senza avere costantemente a bordo un preziosissimo equipaggio di artisti.

Einstein affermava che se le api scomparissero improvvisamente dalla Terra, all'Umanità resterebbero quattro anni di vita.
Io affermo, in virtù di quanto mi è stato concesso di sapere, che l'Umanità ha uno scopo biologico molto simile a quello delle api, ma infinitamente più grande.

Massimo Stefani

Di seguito gli artisti selezionati agli eventi Tarquinia Arte EXPO Arcaista, Premio Internazionale Arcaista e Premio Letterario Arcaista previsti per il mese di Giugno 2021:

PITTORI, SCULTORI E GRAFICI

Adelio Bonacina
Albertino Spina
Alberto Melari
Alessandro Bruno
Angela Barratta
Angelo Paccosi
Angelo Perrini
Anna Bellinazi
Anna Antonia Chiatante
Anna Maria Cesario
Annarita Renzi
Antonella Micocci
Antonio Esposito
Antonio Santoro
Ausilia Minasi
Barbara Bonanni
Carlo Spampinato
Carmelinda Petraroli
Carmelo Margarone

Cataldo Motolese
Cesare Pinotti
Cinzia Bresciani
Cinzia Coticoni
Claudio Martusciello
Cristina Taverna
Dania Minotti
Daniela Cipriani
Domenico Sisi
Eduardo Scivoletto
Elena Bindi
Lisa Ferrantelli
Elvio Arancio
Emiliana Catalano
Emily Maggi
Enrico Meo
Fabio Puelli
Fiorenza D'Orazi
Francesco Ipsan
Francesco Lisi
Francesco Delia

Giacomo De Troia

Ginella Orlando

Gionata Bentivoglia

Giovanna Maffei

Giovanni Travaglini

Giovanni Mappa

Giuliano Giganti

Giuseppina Grittani Thalassinou

Casonato Seri

Dadagabem

Guerrino Giovanni Parezzan

Igor Lercher

Isabella Uleri

Laura Gottardo

Laura Zani

Lorenzo Carlo Perin

Lucia Nicolai

Lucio Barlassina

Luigi Di Mari

Luigi Fondi

Marco Barucco

Maria Cristina Rumi
Maria Cristina Lodigiani
Maria Giovanna Bonifazi
Marina Cogotti
Mario Perrotta
Marzia Lazzaro
Massimo Paravani
Massimo Nesti
Matteo Volpati
Maurizio Cipolla
Maurizio Rapiti
Meri Ciuchi
Mirella Rossomando
Monica Zambon
Moreno Lanzi
Natalia Catadi
Oscar Agus
Osvaldo Sabene
Paolo Viterbini
Paolo Crucili
Paolo Alfonso Palladino

Pasquale Maiello

Piergiorgio Dessì

Piero Mariani

Pierpaolo Consigli

Raffaele Saba

Renato Croppo

Riccardo Sanna

Rita Bertani

Roberta Brandi

Roberto Nizzoli

Roberto Scarpone

Rosa De Benedictis

Rosalba Ferilli

Rosaria Piccione

Rosita Achille

Rossella Papacchini

Sandra Inghes

Sebastiano Caldarella

Silvana Perri

Silvano Minelli

Stefano Garrisi

Stefao Passoni

Ugo Rocca

AUTORI LETTERARI

Aurelia Giulia Pascho
Benito Romagnoli
Claudia Ghiraldello
Claudio Loreto
Cesare Aloisi
Elisabetta Castellani
Emiliana Catalano
Fernando Fuschetti
Gianluca Piattelli
Gianni Marcantoni
Luigi Panzardi
Marco Galli
Maria Mollo
Maria Delfina Tommasini
Matilde De Angelis
Monica Sabella
Raffaella Porotto
Raffaele Caso
Roberta Mezzabarba

Rocco Donato Alberti
Rosi Brescia
Simone Pontelli
Simone Chiani
Vincenzo Ibba
Carmine Natale
Luisa Frosali
Ornella Gatti

Riassunto Biografico di Massimo Stefani
(dal 2016 Stemax)

Nel 2004 la sua prima personale, organizzata in collaborazione con il Gallerista *Franco Lastaria*, presso il Palazzo Bruschi, a Tarquinia, nella sala espositiva gestita dall'Associazione Culturale *"La Lestra"*.
Sempre nel 2004 si classifica primo assoluto al *"Premio Angelo Azzuro"*, presso la Galleria Angelo Azzurro, in Piazza dei Satiri a Roma.
Successivamente gli viene assegnato il *"Premio Astrolabio"*, nell'omonima galleria di Colle Verde, Roma.

A gennaio del 2006, apre una propria galleria d'are in Via XX Settembre, a Tarquinia, che gestisce solo per qualche mese, sino a quando decide di partecipare al *"Premio Internazionale Città di Taormina"* con l'opera *"Tentazione" (Ulisse tentato dal canto delle sirene)* vincendo il mese successivo il premio della critica.
Stefani comincia a chiedersi: Cos'è l'Arte? ma soprattutto: Cosa stava facendo? Che genere di Arte era la sua, per la quale usava, in pittura, il supporto più antico, la pietra, sulla quale, benché riproponesse mitologia greca ed etrusca, dipingeva, con forme e colori moderni, concetti molto attuali?

Sentendo che l'Arte, per come la intende lui, sta avendo un sempre più forte scollamento con la

tradizione, prendendo quelle derive concettuali, sdoganate già alla fine degli anni sessanta, ma che ora da *"trasgressione"* sono diventate la *"normalità"* puntando a divenire nuovo *"tradizionalismo"*, ma anche stupito dal consumismo imperante riportato nel mondo di quell'Arte che lui sente pura, comincia a pensare e poi a scrivere il *"Manifesto del Movimento Arcaista"*.
Il suo intento è quello di dare una spinta evolutiva ad un Arte protesa al futuro ma con i piedi ben saldi nella tradizione artistica che l'uomo si porta appresso da millenni.
Non senza timore di venir deriso e "asfaltato", dal meccanismo economico-concettuale che gestisce il mondo artistico, pubblica a sue spese il Manifesto del Movimento Arcaista sulla rivista d'Arte *"Boè"* nell'ottobre del 2006. La stessa rivista che a settembre dello stesso anno organizza il "Premio internazionale Città di Taormina".
Il successo dell'operazione è tanto veloce quanto inaspettato.
Cominciano ad arrivare richieste di adesione di Artisti di ogni provenienza. Artisti che, come Stefani, sentono la necessità di salvaguardare i valori dell'Arte. In seguito il movimento Arcaista conterà circa 20.000 iscritti.

Nel novembre del 2006 partecipa alla seconda edizione del *"Premio Internazionale d'Arte Boè"*. Premio biennale la cui fase finale si svolge il 22 dicembre a Palermo. Mille partecipanti, ridotti a trecento finalisti dopo una severa selezione. Stefani si classifica primo assoluto con l'opera *"Odissea" (Ulisse e le sue navi sbattute alla deriva dal vento e dalla collera di Poseidone)*.

Forte dell'impatto artistico-emotivo che il movimento arcaista ha prodotto, insieme all'allora assessore alla cultura di Tarquinia *Silvano Olmi*, decide di fondare *"l'Associazione Arcaista Arte e Cultura"*. Contemporaneamente, con l'egida e il supporto del Comune di Tarquinia organizzano, nel giugno del 2007, un Premio Internazionale d'Arte dedicato agli iscritti al Movimento, che si svolge nei luoghi più suggestivi del centro storico di Tarquinia, con la partecipazione di circa 800 artisti e la selezione finale di 120 espositori.

Fino a 2011 il Premio Internazionale Arcaista si svolge ogni anno a Giugno con sempre più partecipanti. Un successo che porta, nel gennaio del 2010, a piazzare 4 artisti firmatari del Movimento Arcaista tra i primi 5 classificati al *"Premio Internazionale città di New York"*, dove lo stesso Stefani si classifica quinto, gli altri artisti arcaisti conquistano sia il terzo posto che il primo posto a pari merito su circa 7000 partecipanti.

Nel 2011 decide di chiudere quel ciclo della propria vita con l'ultima edizione del Premio Internazionale Arcaista e la pubblicazione del Libro *"Il Bello ci Salverà"*, edito dal *Centro Diffusione Arte di Palermo*, con prefazione del giornalista Rai *Attilio Romita* e introduzione del critico *Carlo Rober-*

to Sciascia. Un testo dove indica, ad ogni sostenitore del Movimento, il cammino da proseguire senza la sua guida. Una strada già per altro ampiamente avviata a dicembre 2009 con il libro *"Il Teorema dell'Arte"* edito da *Giorgio Mondadori*, con prefazione di *Vittorio Sgarbi*, introduzione di *Paolo Levi*, testimonianze dello scienziato *Antonio Zichichi* e del *Vescovo Carlo Chenis* e con *"Tra le file dell'Arcaismo"* sempre edito da *Giorgio Mondadori*, con prefazione di *Paolo Levi* e introduzione di Massimo Stefani, pubblicato per intero anche sul *"Catalogo d'Arte Moderna Mondadori"* n°46.

Dal 2004 alla fine del 2011 Stefani organizza, con il Movimento Arcaista, più di 40 eventi espositivi in location italiane altamente suggestive. Alcune di esse sono state: 4 edizioni del Premio Internazionale Arcaista nel centro storico di Tarquinia, 2 mostre collettive presso le sedi espositive della Regia di Caserta; 1 mostra collettiva, con conferenza tenuta da Massimo Stefani, Paolo Levi e Attilio Romita a Bari, presso il Palazzo del Commercio. Per tutto il 2009 e parte del 2010 presso il *Museum Arcaista* sito all'interno dell'Hotel San Marco, nel Comune di Tarquinia, trasmissioni televisive settimanali in onda sul canale *Sky Carpe Diem* dal titolo: *"Le Forme dell'Arcaista"* condotte da lui e dal critico Paolo Levi in collaborazione con altri critici.

Molti Arcaisti sono stati premiati il 30 gennaio 2010 a New York, Manhattan, presso la Sala Conferenze dell'Hotel *Jolly Madison* in occasione dell'omonimo premio internazionale; a Parigi il 20 dicembre 2007 in occasione del *"Premio Internazionale Trofeo Eiffel"*.

Dal 2011 al 2019 Massimo Stefani si dedica alla realizzazione dell'opera letteraria *"Il Sommo Enigma"*

Nel dicembre 2019, spinto anche dall'affetto e dalle richieste ricevute da molti artisti che ne suggerivano il ripristino delle attività, il fondatore, insieme a un nuovo team di tecnici e appassionati d'Arte, da vita al **Nuovo Movimento Arcaista**.

INDICE

Pag. 3 - Ringraziamenti

Pag. 7 - Prefazione Franco Luza

Pag. 13 - Parte prima - Importanza del Pilastro Arte e il suo stato attuale

Pag. 15 - *Cap. 1* - La straordinaria importanza dell'Arte

Pag. 20 - *Cap. 2* - La confessione di Picasso

Pag. 23 - *Cap. 3* - Un pericoloso attentato al pilastro dell'Arte

Pag. 27 - *Cap. 4* - La favola del Re nudo

Pag. 31 - *Cap. 5* - Pur certificando escrementi come arte, la loro natura non cambia. All'uomo la scelta tra questi e l'esatto contrario

Pag. 34 - *Cap. 6* - L'essenza dell'Arte

Pag. 37 - *Cap. 7* - Il critico d'arte e la psiche degli artisti

Pag. 40 - *Cap. 8* – L'enorme business gravante sulle tasche degli artisti

Pag. 43 - *Parte seconda* - Il Teorema dell'Arte

Pag. 45 - *Cap. 9* - Il dono

Pag. 48 - *Cap. 10* - Approdo nella logica dell'Arte

Pag. 52 - *Cap. 11* - Differenza tra Bellezza ed Estetica

Pag. 56 - *Cap. 12* - L'inganno della regola d'arte

Pag. 58 - *Cap. 13* - L'uovo di Colombo e il Teorema dell'Arte

Pag. 63 - *Parte Terza* - Navigando verso un nuovo Umanesimo e un nuovo Rinascimento

Pag. 65 - *Cap. 14* - Perché la nascita del Movimento Arcaista

Pag. 67 - *Cap. 15* - Uomini d'onore (Il critico e storico Carlo Roberto Sciascia e il vescovo Carlo Chenis

Pag. 84 - *Cap. 16* - Verso una nuova rotta con la Nave Arcaista

Pag. 87 - *Cap. 17* - L'energia universale al servizio degli Arcaisti

Pag. 90 - *Cap. 18* - La strada maestra

Pag. 93 - *Cap. 19* - Idea e metodo

Pag. 96 - *Cap. 20* - In rotta con la Nave Arcaista verso un nuovo Rinascimento

Pag. 101 - *Cap. 21* - Porti d'approdo e intenti creativi *(Intervento di Vittorio Sgarbi)*

Pag. 110 - *Cap. 22* - L'equipaggio arcaista e la sua missione

Pag. 116 - Elenco Pittori, Scultori e Grafici

Pag. 122 - Elenco Autori Letterari

Pag. 124 - Riassunto Biografico di Massimo Stefani *(dal 2016 Stemax)*

Visita il Nostro Sito Web

www.movimentoarcaista.it

Segui la nostra pagina ufficiale Facebook

Movimento Arcaista

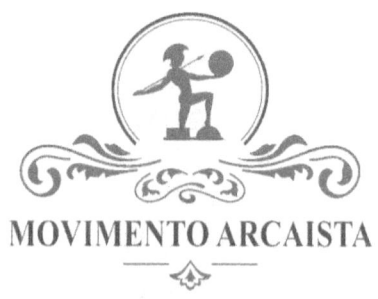

www.ingramcontent.com/pod-product-compliance
Lightning Source LLC
Chambersburg PA
CBHW020432220526
45464CB00002B/664